空想科学読本

「高い高い」で宇宙まで！

柳田理科雄

角川文庫
23696

読者のことをわかっているのか問題

5年ぶりに角川文庫を出すことになりました。なんとなく「既刊が売れず、もう出ないんだな」と思ってたんだけど、そうでもなかったらしい。嬉しい誤算でしたなー。

こういう「なんとなく」の思い込みというのはときどきあって、たとえばSNSがあまり普及してなかった頃は「ワタクシの本の読者は、勉強が大嫌いな人たちだろう」と思い込んでいた。『空想科学読本』を企画した編集者がそうだったし、学習塾の講師だったときにはもっぱら勉強が嫌いな生徒を担当した。筆者のまわりには、勉強嫌いがあふれていたのだ。読者からのハガキに「大学の医学部に合格しました」と書かれていたときには、「この人は、何と間違えて『空想科学読本』を読んだのだろうか？」と訝《いぶか》しんだものだった。

ところが、SNSが普及したり、イベントの場で読者と接する機会が増えたりすると、意外な人々が『空想科学読本』の読者だったことがわかってきた。学者、研究者、医者、エンジニア……。勉強嫌いだとなれそうもない職業の人が大勢いらっしゃる。しかも、「柳田さんの本がキッカケで、理系に進みました」と言ってくれる人も多い。

さらに『ジュニア空想科学読本』の読者を対象にしたイベントを開くと、成績のよさそうな子どもがいっぱい参加してくれて、その発想力には舌を巻くばかり。ひえ〜っ、ワタクシの読者って、こういうヒトたちだったのですか〜っ。

また、筆者は「読者の9割は男子」とも信じ込んでいて、今回4冊目の文庫本を出すにあたってKADOKAWAの編集者の小梢《こずえ》さんにその話をしていたら、「えっ、既刊の読者層は男女半々ですよ」と言われて、これもモーレツに驚いた。女性読者が半分!? 本当に!? 筆者の本は、女性には蛇蝎《だかつ》のごとく嫌われていると思い込んでいたので、モノスゴク意外だった。人生、長く生きていると、嬉しいこともありますなー。

しかし、裏を返せば、これらは読者層を間違えて書き続けてきた、ということに他ならない。四半世紀以上も。ワタクシの人生、これでよかったのでしょうか。

「いいんです！」と言い切ったのは、その小梢さんである。「間違った思い込みで書き続けた結果、届くべき読者にきちんと届いてきたのだから、まったく問題ありません」とキッパリ言い切って、筆者が原稿に計算式をモリモリ入れようとしたり、強引に『りぼん』や『別マ』のマンガを扱おうとしたり……と、正しい読者層に向けた工夫を画策してたのを牽制《けんせい》したのだった。「柳田さんが読者を理解しようとすると、よくないことが起こるような気がします」。なんですと？ それはホメられているの？

というようなやり取りもあって、この『空想科学読本 「高い高い」で宇宙まで！』

は、筆者が大きく誤解をしながら書き続けてきた四半世紀の集大成みたいな本となった次第である。過去のさまざまな原稿に加筆修正したもので、ラインナップは小梢さんと相談しながら決めた。その結果、題材は『宇宙戦艦ヤマト』のデスラー総統から『鬼滅の刃』の甘露寺蜜璃《かんろじみつり》、『あつ森』のスコップ1本で地形を変える問題、さらには「八ヶ岳の伝説」まで、とっても多岐にわたっている。これらを全部楽しめる人なんて、いるんですかね？　ひょっとしたら本書の読者とは、よく知らないマンガやアニメや特撮番組を見て、そのわからなさを喜ぶドMなヒトタチが多いのでは⁉︎　——あ。こういう勝手な推論を展開させるから、現実の読者の皆さんと乖離《かいり》していくということか。

そういえば、だいぶ前だが、「『空想科学読本』で人生が変わってしまった人の集《つど》い」というイベントをやったことがある。その参加者の一人が「マンガやアニメを科学的に考えるのがいかに楽しいか、『空想科学読本』を例に、同僚に熱く語っているうちに、気づいたら結婚していました」という体験を話してくれた。この話を思い出すたび、「本にとって、作者というのはごく一部にすぎないなあ」としみじみ思うのである。作者が想像もしない人々が読んでくれ、さまざまな体験もして、場合によっては人生に活かしてくれる。本書の雑多なラインナップも、どんな読まれ方をするかと筆者が心配しなくても、読者のほうが自由に逞しく味わい尽くしてくださるということだろう。なるほど、ではここから先は、読者のあなたにすべてを委《ゆだ》ねたいと思います。

『空想科学読本　「高い高い」で宇宙まで！』　目次

投げた柱に跳び乗る！
『ドラゴンボール』桃白白の飛行術は可能？

マンガやアニメで描かれる「空の飛び方」はさまざまあるが、「それ、実際にできるの!?」と不思議な気持ちになるのが、『ドラゴンボール』桃白白《タオパイパイ》の飛行術だ。

このエピソードが登場したのは、孫悟空がまだ少年で、ドラゴンボールを探していた頃。レッドリボン軍は「世界一の殺し屋」と謳《うた》われる桃白白を5千万ゼニーで雇い、孫悟空を殺してドラゴンボールを奪うように依頼する。孫悟空はレッドリボン軍本部から北東へ2300㎞、カリン塔の建つ村にいた。桃白白がオドロキの飛び方を披露したのはこのときである。

桃白白は「30分ほどでもどってきますので」と言うが早いか、石の柱を折り取る。そして、ぶんっと投げるや「ぴょっ!!!!」と跳び乗り、そのまま飛んでいったのだ。自分が投げたものに乗って飛んでいく！　しかも2300㎞も！　ものすごくないですか、これ!?　なんとも豪快な空の旅で、実践できたらまことに便利そうだ。

でも、ホントにそんな飛び方ができるのだろうか？

威力は戦艦大和の7・8倍

2300㎞といえば、国内では那覇《なは》－札幌。旅客機でも、那覇空港から新千歳空港が3時間15分。逆向きだと、偏西風の影響で3時間45分もかかる距離である。桃白白はこの遠距離を移動したわけだ。

そもそも、それだけの距離まで、モノを投げるのがすごい。しかもそれは石の柱で、マンガの描写を見ると、柱は直径30㎝、長さ2ｍほどもあった。大理石だとすれば、重量は350kg。グランドピアノほどもの重さがあり、普通だったら持ち上げるだけでもビックリの重量物である。桃白白はそれを難なくへし折り、持ち上げ、そして2300㎞も投げたのだ。

通常、投げた物体は放物線軌道を描くと考えるが、これは「地球が平らで、上空まで重力の強さが同じ」という仮定が許される範囲での取り扱いだ。2300㎞となると、これはもはや短距離弾道ミサイルの飛距離だから、地球が丸いことや重力が上空に行くほど弱くなるという事実を無視できない。この場合、軌道は楕円の一部になる。

そしてマンガの描写では、カリン塔の村に着地した柱は、地面に30度ほどの角度で刺さっていた。この距離と角度から、桃白白が柱といっしょに飛んだ速度が計算できて、それはなんと時速1万6千㎞！　ライフル弾の4倍を超える速度であり、この柱が落下したとき、その破壊力は戦艦大和の46㎝主砲（砲弾の衝突＋炸薬の爆発）の1・95倍になる。びっくりだ！

このヒト、殺し屋にしておくのはもったいない。桃白白が柱を1ｍ動かして投げたと仮定すると、発揮した力は26万tなのだ。ダムやトンネルの工事現場で硬い地盤を掘り崩すとか、座礁《ざしょう》したタンカーを曳航《えいこう》するとか、その怪力を人類のために役立てる方法はいっぱいありそうだがなあ。

柱に乗る必要はなかった!

これほどすごい力を持つ桃白白が、自分が投げた柱に跳び乗ったわけである。科学的に考えると、これはいったいどういう行為なのか。

桃白白は柱を投げ、ジャンプして跳び乗り、柱といっしょに時速1万6千kmで飛んでいった。時速1万6千kmとは、マッハ13である。投げてからジャンプするまで一定のタイムラグがあったはずだから、それでも追いついたということは、桃白白は柱を上回る速度でジャンプしたことになる。

ここでは「投げてからジャンプするまでの時間」と「ジャンプしてから柱に追いつくまでの時間」が同じだったと考えよう(マンガでもそのくらいの印象だった)。その場合、彼の跳躍スピードは、柱を投げた速度の2倍だったことになる。これほどの速度差となると、跳び乗るだけではダメで、柱に追いついた瞬間、ガシッと捉《つか》まる必要があるだろう。その結果、速度が時速1万6千kmになったのだと考えるなら、桃白白の体重が70kgの場合、彼は柱を時速1万4千km(マッハ11・3)で投げ、自分は時速

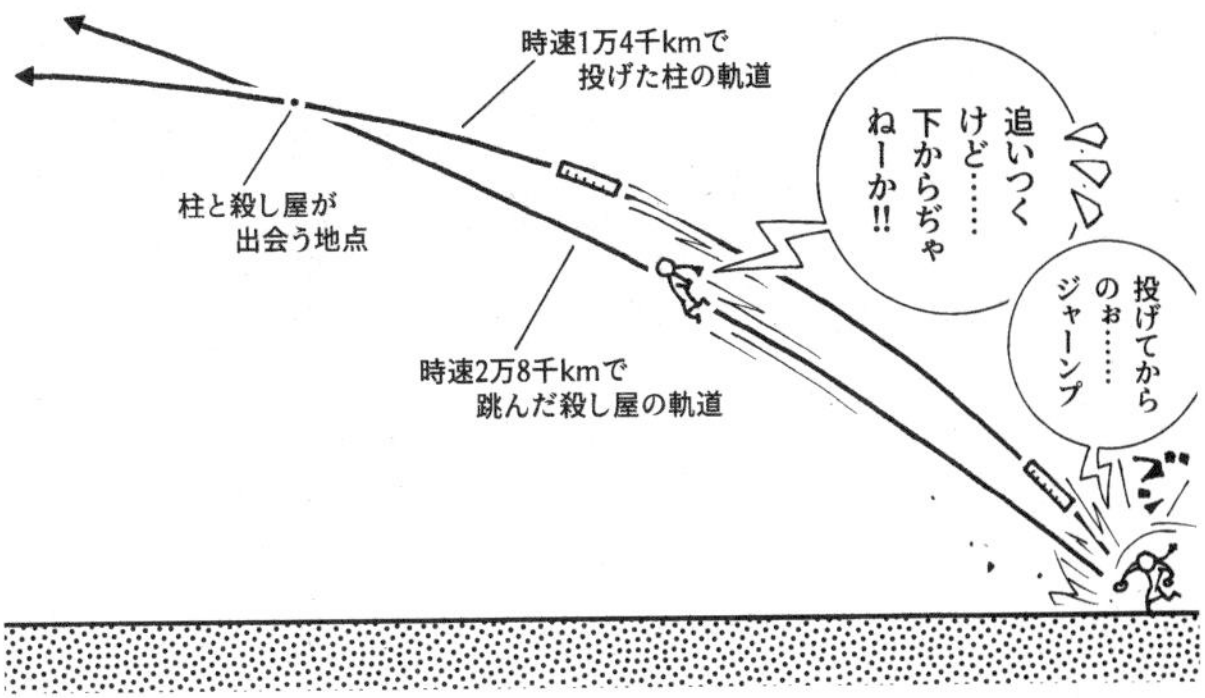

［図1］柱に追いつくには、下から迫るしかない

2万8千㎞（マッハ22・6）でジャンプしたという計算になる。その軌道は**【図1】**のように柱のそれよりも直線に近く、柱には下から接近したはずである。

これは、あまりにも危険な行為だ。自分は時速2万8千㎞、柱は時速1万4千㎞だから、その速度差は時速1万4千㎞。これ、柱がこちらに向かって時速1万4千㎞でぶっ飛んでくるのとまったく同じ。最高速度で走ってくる新幹線はやぶさ（時速320㎞）にしがみつくより、40倍ほど危険といえる。

しかも、柱に追いついてから追い越すまでの時間は、わずかに0・00052秒しかない。もし、しがみつくのに失敗したら、柱を追い越して、自分だけがスッ飛んでいく。その場合の着地点は、2300㎞を遥かに通り過ぎた1万2千㎞の彼方。もちろん、そんなところに悟空はいない。

マンガでは「ぴょっ!!!!」と気軽に跳び乗っているけど、いったいどんな運動神経の持ち主なのか、桃白白。年齢は、なんと291歳らしいんだけど……。

「30分で戻る」の科学的な意味

いずれにせよ、こうして桃白白は柱と一体化し、その上に立って飛んでいった。さぞかし快適な空の旅……という気もするが、決してそうではない。なぜなら、桃白白は「柱に乗っていない」からだ。

一体化した後は、柱は楕円軌道を描いて時速1万6千㎞で飛ぶ。桃白白も、同じ軌道を同じ速度で飛んでいる。両者の運動は、まったく同じだ。

空気抵抗を無視して考えるなら、このように重力のみを受けて同じ軌道を描く場合、桃白白と柱のあいだには、力はまったく働かない。桃白白は柱の上に立っているように見えるけど、足の裏が柱に触れているだけ。それが離れたとしても、桃白白の運動に何ら影響はないのだ。もともと桃白白は自分のジャンプで飛び始めたのだから、柱がなくても落ちたりしない。

しかし作中の桃白白は、柱の上にまっすぐ立ち、後ろ手を組んで「ゴーッ」と飛んでいった。まことに勇ましい姿だったが、科学的に考えるなら、このヒトがわざわざ

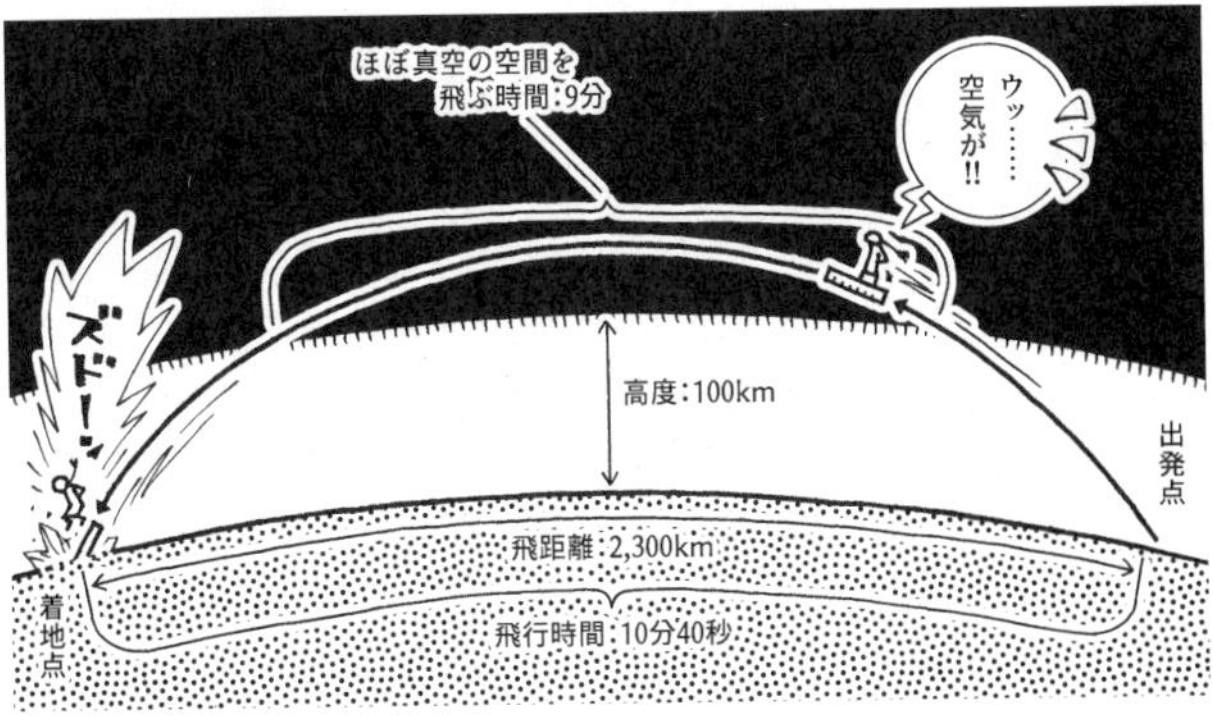

［図2］生身のカラダで9分間も宇宙を飛ぶ。そんなコトして平気なのか？

柱に乗っている理由は不明だ。

結局、柱があろうとなかろうと、桃白白は時速1万6千㎞で飛んでいく。この速度で2300㎞を飛行するのに要する時間は、10分40秒。往復で21分20秒だから、出発前に発した「30分で戻ってくる」という言葉を科学的に解釈すれば「孫悟空など、8分40秒もあれば倒してみせます」と言っているわけである。さすが世界一の殺し屋ですな。

しかしさらに科学的に心配するならば、桃白白が気にするべき相手は、悟空だけではないはずだ。飛行中の10分40秒のうち、9分間は上空100㎞以上を飛ぶことになる。NASAは高度100㎞以上を「宇宙」としている。つまり桃白白は9分間の宇宙の旅を経験することになるのであり、そこはほぼ真空の空間【図2】！

常人ならたちまち鼓膜が破れ、肺が破裂してしまう。桃白白が驚異的な体力でこれに耐えたとしても、大きなダメージは残るだろう。

と思ったけど、マンガの桃白白は平然と着地し、悟空を追い詰めることになる。この殺し屋は、とてつもない実力者だったのだ。『ドラゴンボール』本編で桃白白が登場するのはコミックスの8巻だけだが、もっと活躍しても不思議ではなかったと思う。

というわけで、「自分が投げたモノに跳び乗って飛んでいく」という飛行方法は、ものすごい体力があれば実現できそう。ただし、科学的には「乗ったことにならない」という結論であります。

『ドラえもん』のび太は「二択」のテストでも0点！
それ、どんな確率？

6月2日は何の日でしょう？

実は「ぐうたら感謝の日」。制定者は『ドラえもん』の野比《のび》のび太で、6月に祝日がないことを嘆き、ひみつ道具「日本標準カレンダー」を使って、全国的に国民の休日としたのである（コミックス14巻「ぐうたらの日」）。この日は一切働いてはならない！　という、働き方改革を先取りしたような休日なのだが、のび太のことだから、もちろんそんな高邁《こうまい》な意識など微塵もありません。

彼は筋金入りの怠け者だ。ドラえもんが「未来の野比家が超貧乏になっているから、過去に行ってのび太を更生させよ」との使命を帯びて未来から来たことは知っているのに、一向に態度を改めようとしない。努力や勉強が根っから嫌いで、学校のテストで何度も0点を取っている。でも、さほど気にする様子もなく、勉強してリベンジに励む様子もなく、学校から帰ってくるなり昼寝する。泰然自若《たいぜんじじゃく》とは彼のことですなあ。

感心してどうする⁉　0点は取らないほうがいいし、そもそも0点を取ってしまうと、精神的なダメージは結構大きい。筆者も大学浪人中の模擬試験、化学で0点を取ったことがあるのだが、なんともザラリとした虚しい気持ちになった。のび太はなぜ0点ばかり取っても、けろりとしてられるのかなあ……。

そこで本稿では、のび太のテストの成績の実態を考えてみよう。彼はどれほど成績が悪くて、どれだけ0点を重ねているのか？

なんと100点を取っていた！

検証にあたって、筆者は『ドラえもん』全45巻を読み直してみた。その結果、のび太の勉強や学力が話題に上ったエピソードは、なんと170回。テストを返されたとか、宿題をしたとかしないとか、両親に「勉強しなさい」と叱られたとか、「のび太」を「のび犬」と書いたとか、さまざまなバリエーションがある。

そして驚いたことに、「のび太は、いつも0点」というイメージがあるが、必ずしもそうではなかった。30点や65点を取ったこともあるし、95点も取っている。それどころか、なんとなんと100点を取ったことさえある！　これにはモーレツに驚いた。

それはコミックス第25巻の「な、なんと!!　のび太が百点とった!!」で、夢でも幻でもなく、ドラえもんのひみつ道具にも頼らず、正真正銘の100点を取っている。

本人も何度も目をこすっていた。先生も「いや、わしも目をうたがったがね。何度調べても百点なんだ。」と、まことにヒドイことを言い、ジャイアンやスネ夫やしずかちゃんに至っては、まったく信じない。自宅に戻るとドラえもんが「ああ、ついにカンニングしたか」。

これには、さすがののび太も深く傷ついてしまった。反省したドラえもんは、どんなことでも人に知らせて信じさせる「ピーアール」というひみつ道具を出す。この機械の働きによって、のび太の100点はテレビのニュースで報じられ、大学の先生が「コロンブスのアメリカ発見、アポロ11号の月着陸にくらべられる大偉業」とコメントし、国会ではこの日を「のび太記念日」と定め……という騒ぎになる。出来杉《できすぎ》くんが100点を取ってもこうはならないだろうから、のび太が100点を取るのは、やはりスゴイことなのだ。

これがのび太の0点率だ!

勉強や学力が話題になったエピソード170回のうち、テストの成績が示されたのは25回。そのうち0点を取ったのは17回だ。

ただし、「17回」というのはエピソードの数であり、0点の答案の数はもっと多い。たとえば第26巻「タイムカプセル」の「隠しておいた6枚の0点をタイムカプセルに入れる」といったエピソードの場合は6回とカウントする……などした結果、マンガで描かれたのび太の0点は26回となる。うーん、やっぱりなかなか多いですなあ。

彼の栄光の0点史を振り返るなら、初めて0点を取ったのは第2巻「正直太郎」。このときは、正直太郎がママにバラしている。そこから第20巻の「設計紙で秘密基地を！」まで、実に7連続で0点！　このあたりを読んでいると、確かに「のび太は、いつも0点」という印象になってくる。

　初めて「0点以外」を取ったのは第20巻の「アヤカリンで幸運を」。ママが「まあ、三十点もとったの。よかったわね!!」と最高の笑顔を見せている。その後は、前述のいきなり100点があるものの、だいたい0点を取り続けている。

　ところが、この冬の時代を経て、のび太の成績は上がり始める。第27巻「しあわせトランプの恐怖」では「ひどい点」というだけで点数は不明だが、その後は、10点、95点、10点。もちろん0点を取り続けるときもあるのだが、65点、65点と、好成績が続く。そして第42巻「もぐれ！　ハマグリパック」では、なんと9回連続で点を取った（このときは、ドラえもんと「9回連続得点」を祝って、どら焼きで乾杯している）。ただし、その後は0点に逆戻り……。

　こんな感じで、テストの結果が示されたこと43回。「ひどい点」という点数不明のテストも「何点かは取った」と考えれば、0点が26回、それ以外が17回ということになる。計算すると、コミックス全45巻での「0点率」は61％だ。

　ただし、のび太自身はマンガのなかで「ぼくは、テストで五回に一回ほどのわりで0点とるだろ」と言っており、同じような発言が3度ある（26巻、37巻、42巻）。のび太の0点が「5回に1回」というのが本当なら、0点率は20％に留まることになる。

うーん、本当だろうか……。

もちろん、すべてのテストがマンガに描かれているわけではないだろうから、0点以外のときが他にもあるかもしれない。だが、0点を26回取ったことは確かなのだ。それで0点が「5回に1回」だとしたら、のび太のクラスでは年間130回のテストが行われたことになる。テストの多い学校ですなあ。

二択のテストで0点を取る確率は？

看過《かんか》できないのは、二択のテストで0点を取ったことである。これは、アニメ版の「テストにアンキパン」に出てくるエピソードだが、○×式の20問のテストで2枚連続して0点を取ったのだ！

呆れたドラえもんは「これはすごい」と感心して、こう説明した。「○×式は、普通答えさえ書いてあれば、半分は嫌でも当たっちゃうんだ」。

そして、20問全部外す確率が「約100万分の1」と告げ、「その0点を連続して取るんだから、これはもう天文学的確率だよ」。

筆者もまったくそう思います。では、その天文学的確率とは、どれほどか？
○×式のテストでは、1問ごとに「○」か「×」かのどちらかをつけていくことになる。問題数が2問なら、答えのパターンは2×2＝4通り（○○、○×、×○、×

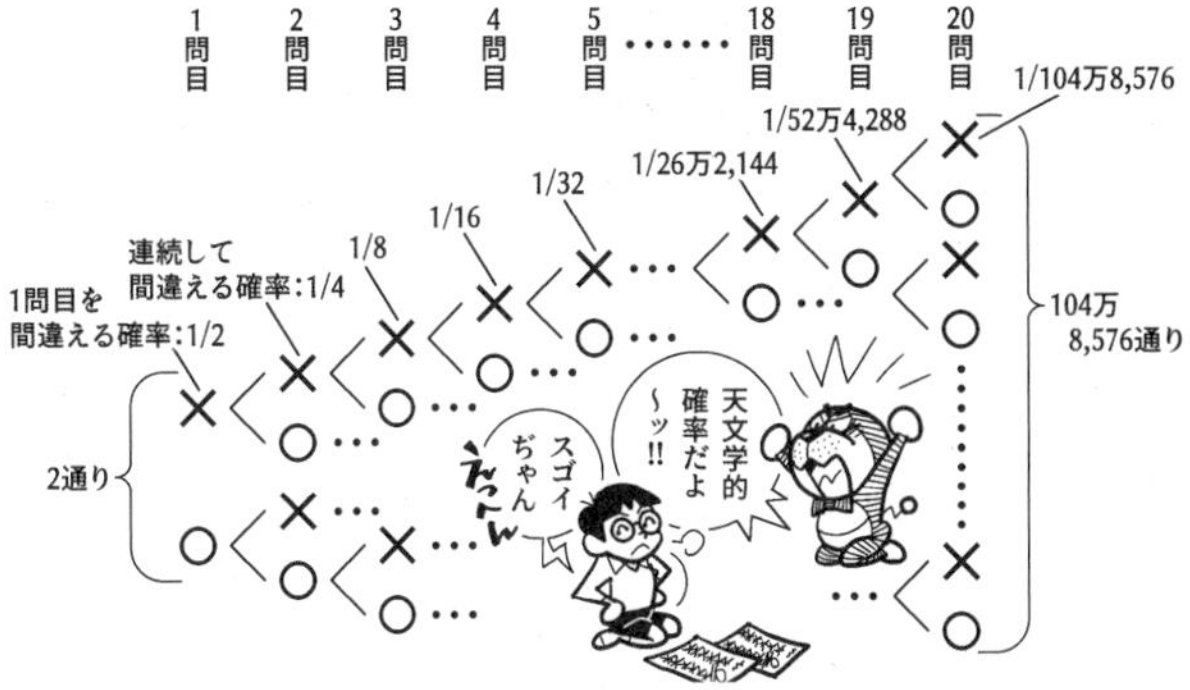

[図1] 樹形図を描くのも不可能な、歴史に残る偉業である

×）。3問なら2×2×2＝8通り（○○○、○○×、○×○、○××、×○○、×○×、××○、×××）。つまり、「2」を問題の数だけかけたものとなる。ここで覚えておくと便利なのは、「2を10個かけた数＝1024」であること。すると20個かけた数は、1024×1024＝104万8576だ。

つまり、○×式20問のテストの答えには、計104万8576パターンがある。そのうち、20問すべてを間違えるパターンは、たった1つしかない。したがって、○×式20問のテストで0点を取る確率は104万8576分の1。ドラえもんの言っていた「約100万分の1」とは、このことだ**【図1】**。

では、2枚とも0点の確率は？　104万8576分の1の確率で起こる現象が2回続くのだから、モーレッツに確率が低くなって、

1042万8576×1042万8576＝1兆995億1162万7776分の1になる。

これ、いったいどんな確率なのだろう？　たとえば、2022年の年末ジャンボ宝くじは、1枚買って1等7億円を当てる確率は2千万分の1だったから、その5万分の1。え？　わかりにくい？　じゃあ、26人でジャンケンして、一発で自分1人だけが負ける確率と同じ！

うーん、わかるようなわからんような感じだけど、それほど低い確率ということだ。やはり、のび太はすごいです。ここまですごいと、もう「0点を取るのが特技」といってもいいかも。立派と称《たた》えてもいいかも。何よりも、精神的にタフなのも見習いたいものですなあ。

太宰治『走れメロス』で、メロスが走ったスピードを計算してみた！

太宰治《だざいおさむ》の短編小説『走れメロス』は、昔もいまも中学校の国語の教科書に載っている。発表されたのは昭和15年で、筆者も中学生の頃に読んだから、これはもう日本人の心に染み込んだ物語なのだろう。

友情の素晴らしさを称《たた》える小説だが、筆者が抱いた感想は「長距離走は苦しそうだ。決してやるまい」であった。だはは、われながらダメな中学生であった。

心を入れ替えていま読み返すと、『走れメロス』とは次のような物語である。

妹の結婚式の準備をするため、十里（40㎞）離れたシラクスの街にやってきたメロスは、許しがたい話を聞く。国王ディオニスが、親族や家臣が自分を裏切るかもしれないと疑い、どんどん処刑しているというのだ。怒ったメロスは王を殺そうと城へ行くが、たちまち捕まってしまう。

メロスは死を覚悟するが、妹の結婚式だけは挙げてやりたかった。そこで「処刑までに三日の日限を与えてください」と頼むが、王は笑って相手にしない。しかたなく、メロスはシラクスに住む親友のセリヌンティウスを人質とすることを申し出る。

王は許しを与えるが、その言葉は「三日目には日没までに帰って来い。おくれたら、その身代わりを、きっと殺すぞ。ちょっとおくれて来るがいい。おまえの罪は、永遠にゆるしてやろうぞ」。王は、メロスが自分の命を惜しんで、親友を身代わりにすると思っているのだ。

メロスは村へ帰って結婚式を済ませると、3日目の朝、村を発つ。前日の雨で氾濫《はんらん》した川を泳ぎ切り、山賊の包囲網を突破し、疲労で一度は心が折れそうになりながらも、走りに走ったメロスは、ついに刻限の日没に間に合う……。

おお、やっぱり胸の熱くなる友情の物語ではありませんか（走るのはやっぱりキツそうだけど）。本稿では、この物語を科学的に考えてみよう。メロスの走りとは、どんなものであったのか？

ぶらぶら歩きでも間に合った？

まず、物語の舞台を確認しておこう。シラクスは、イタリアのシチリア島に実在する都市だ。復路の後半、メロスは灼熱の太陽に苦しめられたから、季節は夏だったと思われる。

シチリア島のある地中海は「太陽がいっぱい」というイメージだが、意外に北にある。シラクスの北緯は37度で、福島県いわき市や、新潟県上越市とほぼ同じ。だがこれは、メロスにとっては、いい条件だろう。夏はもともと日が長いうえに、緯度が高いほど昼間は長くなるからだ。

メロスが出発したのは、3日目の「薄明《はくめい》の頃」。薄明とは「日の出の1時間前の空が白む時刻」を指す。7月末、北緯37度地点の日の出は午前4時30分だから、薄明は午前3時30分。そして、刻限の日没は午後7時過ぎなので、なんと15時間30分もある！

この時間を使って、村からシラクスまでの十里＝40kmを移動すればいいのだ。これは……意外と楽勝ではないか？ 40kmを15時間30分で走破するには、平均時速2・6kmで歩けばよい。人間が普通に歩く速度は時速3〜4kmだから、ぶらぶら歩きでも間に合うだろう。

だが、後半メロスは血を吐きながら走り、日没にギリギリで間に合う事態となった。15時間半もあったのに、いったいなぜそんなことになったのか？

王と約束した後のメロスの行動を見てみよう。

シラクスの街を発ったメロスが村に着いたのは、翌日の午前だった。王と約束した3日のうちの1日目である。その足で妹のところへ行き、「シラクスに用事を残してきたので、結婚式は明日やろう」と提案する。いったん夜まで眠り、今度は花婿の家へ行って「結婚式を明日にしてくれ」と頼むが、花婿さんにしてみれば急な話である。「まだ準備が整わない」などと理由を述べてなかなか承諾しない。結局、メロスは花婿を説得するのに、夜明けまでかかってしまった。

2日目、結婚式は真昼に始まった。朝から準備にかかったとすれば、明け方まで花婿を説得していたメロスは2〜3時間しか寝ていなかったことになる。祝宴は、夜に入っていよいよ乱れ、華やかになる。メロスは、翌日の出発に備えて眠りに就くが、寝たのが12時なら、起きたのが午前3時30分だから、睡眠時間は3時間半。このヒト、2日連続で寝不足だったわけである。

いよいよ3日目、薄明に目覚めたメロスは、雨中を矢のごとく走り出る。日が高く昇る頃、余裕を取り戻したメロスは、いい声で歌など歌いながらぶらぶら歩き始めるが、里程《りてい》の半分ほどまで来たところで、睡眠不足に続く第2の障害が。前夜からの雨で川が氾濫《はんらん》していたのだ。

ところが、それは真昼時だった。道のりの半分でもう昼ということは、メロスは20kmに8時間30分もかけたことになる。ぶらぶらしすぎだっつうの。

濁流を泳ぎ切ったメロスに、第3の障害が立ちはだかる。息を切らして峠を登ると、山賊が現れたのだ。メロスは棍棒を奪って3人を殴り倒し、残る者のひるむ隙に峠を駆け下る。

そして第4の障害、灼熱の太陽。メロスは眩暈《めまい》を起こし、ついに立てなくなる。典型的な熱中症だ。気力を失ったメロスは、しばらくまどろむが、湧き水を飲んで再び走り始める。そうそう、熱中症には水分の補給が不可欠。こうして、いよいよラスト

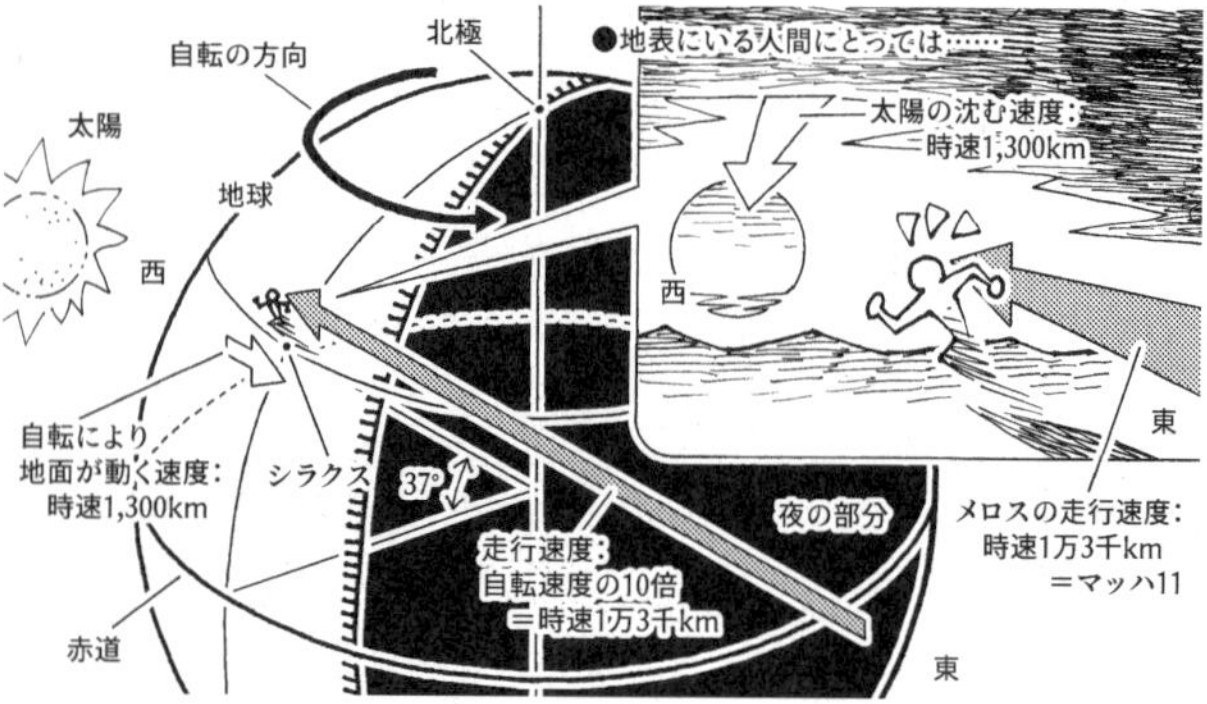

[図1] 速いにもほどがある……

スパートに至る。

スピードが速すぎて迷惑！

メロスの最後の走りは、壮絶であった。路《みち》行《ゆ》く人を押しのけ、跳ね飛ばし、酒宴のまっただ中を駆け抜け、犬を蹴飛ばし、小川を飛び越え、ほとんど全裸となり、呼吸もできず、口から血を噴き出し、黒い風のように走った。作中の表現によれば「少しずつ沈んでゆく太陽の、十倍も早く」。

これは科学的にも気になる表現だ。いったいどれほどの速度だったのか？

太陽が東から西へ動くのは、地球が西から東へ自転しているからだ。北緯37度地点は、時速１３００㎞で西から東へ動いている。「太陽の10倍も速く」とは、言葉どおりに受け取れば、時速１３００㎞の10倍、すなわち時速1万3千km＝マッハ11！　どっしぇ〜〜〜っ【図1】。

メロスが本当にこの速度で走ったら大変だ。小説には「路行く人を跳ね飛ばし」とあるが、もし、ぶつかったときにメロスのスピードが落ちなかったとしたら、その人は時速1万3千kmで吹っ飛ばされる。このスピードになると、放物線でなく、弾道ミサイルなどと同じ楕円軌道を描き、空気抵抗を無視すれば、最大で1600kmの彼方に落下する。1600kmとは東京から沖縄の久米島《くめじま》までの距離と同じだ。なんてキケンなことをする!?

さらに気の毒なのは「犬を蹴飛ばし」だ。人間の足は、走る速度の2倍の速度で動くから、この犬は時速2万6千kmで蹴飛ばされ、落下点は1万2千kmの彼方。東京から南へ同じだけ蹴っ飛ばされた場合、太平洋を越え、オーストラリア大陸を越え、南極大陸に落下する。い、生きていたかなあ……。

もちろん、マッハ11なんかで走ったら、メロスも無事ではすまない。380tの空気抵抗を受け、服が破れ、呼吸もできず、内臓の一つや二つ破裂して血を吐いて……やや っ、このあたりは先ほど紹介した小説の内容とほぼ同じ。さすが文豪・太宰治先生だ！

喜んでいる場合ではない。いくらなんでも、生身のメロスがそんな速度で走ったというのはあり得ないのでは……。

だが、時間に余裕のあるときにぶらぶらしすぎたために、刻限ギリギリに命を削る走りをしたことは事実。なんだか、原稿の締め切り直前の筆者みたいである。あっ、なるほど。日本人のほとんどが読むこの小説は、「時間はうまく使おう」という教訓を示しているのではありませんか。え？ ぜんぜん違うの？

『ジョジョの奇妙な冒険』ディオの
「気化冷凍法」は冷酷な科学ワザだった！

気化冷凍法《きかれいとうほう》、スバラシイですねえ。自分や相手の体から水分を気化させ、凍りつかせるワザ！　「気化」とは蒸発のことで、液体は気化するときにまわりから熱を奪うから、それによって凍りつかせる……というのは、モーレッツに理にかなっている！　科学ゴコロが刺激されるゥ！

このステキ技の使い手は、ディオ・ブランドー。石仮面をかぶって吸血鬼になった男で、アクの強いキャラであふれる『ジョジョの奇妙な冒険』でも、ひときわ存在感を放つ敵役だ。第1部ではジョナサン・ジョースターを、第3部では空条承太郎《くうじょうじょうたろう》を苦しめた。パワーがケタ外れで、年を取らず、頭部を両断されてもすぐに再生する。吸血鬼だから、太陽の光が唯一の弱点。

ディオがこの技を編み出したのは、ジョナサンたちが使う「波紋法《はもんほう》」を無力化するためだった。波紋法とは、特殊な呼吸法によって肉体に波紋を起こしてエネルギーを作り出し、血液の流れを通じて、相手の体に流し込む技。波紋法で作るエネルギーの波は、太陽の光の波と同じ形をしているため、太陽の光に弱い吸血鬼には、絶大な威力を持っているのだ。

これをどうやって無力化するのか。気化冷凍法は、自分の体や相手の体を凍らせて、血液の流れを止める。波紋法は、血液の流れを通じてエネルギーを流し込むのだから、どちらかの体が凍って血の流れが止まれば、波紋のエネルギーは伝わらない、というわけだ。これもまた理にかなってますなあ。『ジョジョ』の、こういう理屈っぽいところ、筆者はもう大好き！

などと絶賛ばかりしていないで、考えよう。吸血鬼の力で体から水分を気化させることが可能として、どれほどの水分を気化させれば、体は凍りつくのだろうか？

いきなりの大股開き！

気化冷凍法がその威力を存分に見せつけたのが、第1部でのディオ対ダイアーの戦いだ。

ダイアーさんが空中から稲妻十字空烈刃《サンダークロススプリットアタック》で攻撃！　これは、ゆっくりとした飛び蹴りを放ち、相手が受け止めようとした瞬間に、脚を１８０度に開くというオドロキの技だ。ジャンプしながら、いきなり股間をおっぴろげにするわけで、「そんなトコロを対戦相手にさらして大丈夫!?」と心配になるが、それこそがダイアーさんの知謀というものであろう。飛んできたダイアーさんが急に大開脚したら、反射的にその両足をつかまないと、彼の股間が自分の顔を直撃！　という全力で避けたい事態に立ち至ってしまうのだから。

だが、相手の両足をつかむと、自分の両腕も塞《ふさ》がって、顔面がガラ空きになる。そこへダイアーさんがクロスチョップ！　――というオソロシイ技なのだった。なかなか考え抜かれておりますなあ。

実際、ゆったりとした蹴りを見たディオは「そんな眠っちまいそうなノロい蹴りでこのディオが倒せるかー！」と、ダイアーさんの両足をつかんでしまい、両腕を封じられる。ダイアーさんは「かかったなアホが！」と不敵に笑う。戦いを見ていたストレイツォは「これをやぶった格闘家はひとりとしていない！」と、ダイアーさんの勝利を確信する。

ところが、ディオの顔面にクロスチョップが炸裂する直前、ダイアーさんの動きが止まった。ほぼ全身がピッキィ〜ン！　と凍りついてしまったのだ。「う、動かん⁉」と驚くダイアーさん。そう、これぞ気化冷凍法！

その場にいたスピードワゴンは「相手の体内の水分を一瞬にして気化させることから熱をうばい凍らせる！　体を凍らせれば血液の流れから作る波紋はディオには決して流れることはない！」と、ヒジョ〜にわかりやすく解説する。そんなヒマがあったら仲間を助けてやらんかい、と筆者が思ったときにはすでに遅く、ディオは「貧弱貧弱ゥ…ちょいとでもおれにかなうとでも思ったか！」と、まるで凍った薔薇の花びらを指で割るかのように、硬く凍りついているダイアーさんの体をバラバラにしてしまった。うわぁ、残酷、残酷ゥ……！

冒頭に記したように、この気化冷凍法、まことに科学的な技である。消毒用アルコールを手に吹きつけると、すうっと冷たくなる。道路や庭に打ち水をすると、涼しくなる。濡れた服を着ていると体が冷える。これらはみな、アルコールや水が気化するときに熱を奪うことによって起こる現象だ。この熱は「気化熱」と呼ばれ、大量の気化熱が奪われれば、凍りつくことも起こり得る。

たとえば、真空実験装置に水の入ったコップを入れて空気を抜いていくと、気圧が低いために水は沸騰し始め、気化熱を奪われて、やがてピッキーンと凍りつく。気化冷凍法は、こういった現象を戦いに応用したものであろう。

しかも、水は気化熱が非常に大きい。気化熱は温度によっても変わるが、25℃での1gあたりの気化熱は、エタノールが219カロリー、メタノールが280カロリー、ブタン（卓上コンロの燃料）が96カロリーなのに対し、水は584カロリーと突出している。

そのうえ、人体は、水が体重の60％を占める。つまり、気化冷凍法は「体にもっとも多く含まれる水が、気化熱も大きい」という科学的事実を最大限に活用しているのだ。ディオ賢い！　ともいえるし、人体って気化冷凍法のエジキとして最適すぎ！　ともいえる。

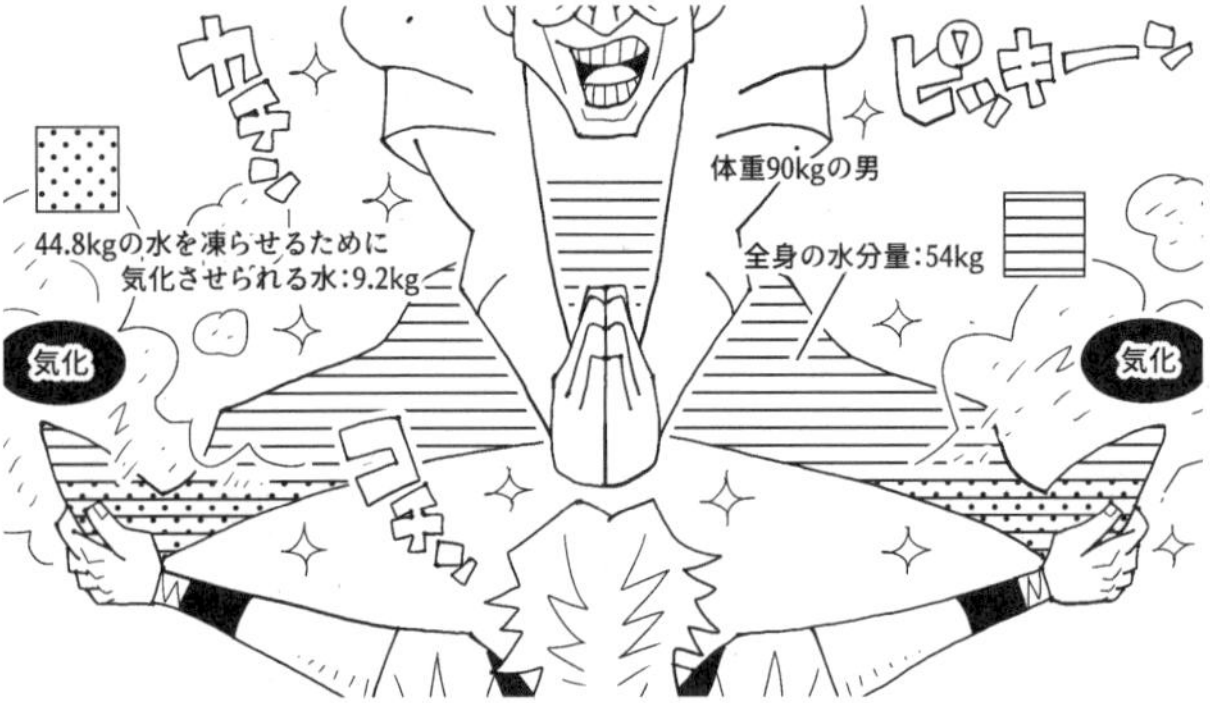

［図１］ダイアーさんはこんな体勢で、水分の17%以上を凍らされた!?

なぜ人は凍ると死ぬのか？

では、気化冷凍法で体を凍りつかせるには、どれほどの水を気化させる必要があるのだろう。

前述のとおり、気化熱は温度によって変わるが、ここでは25℃のときの「1gあたり584カロリー」で考えよう。この場合、水を1g気化させれば、体から584カロリーの熱が奪われる。これによって凍りつく（体温と同じ36・5℃の水がマイナス10℃の氷になる）水は4・82g。ここから計算すると、体内水分の17％を気化させれば、残りの83％が凍ることになる。

全体の2割弱の気化で全身が凍る、といえば効率的な気もするが、現実的に考えると、体内水分の17％とはかなりの量である。前述のように人体には体重の60％の水が含まれ、ダイアーさんは体重90kgほどの立派な体格をしていたから、全身の水分量は54kg。その17%とは9・2kgだ。2L入りのペットボトル4本半！　それだけの水分を、アッという間に気化させた（別のシーンでディオは「全身でも2秒」と言っていた）のだから、やっぱりすごいヤツですなあ【図1】。

これを食らった相手は、どうなるのか。

体が凍って血流が止まったら、全身の細胞に酸素が届かなくなって死ぬ！

体が凍結したら、細胞に含まれる水も凍りつく。水は凍ると体積が9%増えるから、それによって細胞膜が突き破られて死ぬ！

人間は、体の水分の2%を失うと運動能力が低下し、3%で強い渇きを覚え、4〜5%で疲労、頭痛、眩暈が起こり、10%以上で死に至ることもある。17%も失ったら、脱水症でも死ぬ！

体が凍ったら、人間はいろいろな理由で死ぬのであり、たった2秒でそれができる気化冷凍法は本当にオソロシイ技だ。そのうえ体を砕かれてしまったのだから、ダイアーさんも気の毒に。バラバラの破片になりながらも「わあああああーッ」と叫んでいたが、よほど無念だったのだろう。

しかし、筆者には一つ心配がある。ディオは吸血鬼なのだから、人の血を飲みたいはず。血管内の血液を凍らせてしまったら、ヒジョ〜に飲みづらくなるような気がするんだけど……。あるいは、凍らせた血というのも、吸血鬼にとっては案外おいしいんですかね？

『おしりたんてい』のＩＱは１１０４。
どのくらい頭がいいんだろう？

『おしりたんてい』がアニメになって驚いたのは、おしりたんていがしゃべるたびに、そのお尻のような顔が、上下に「ふくふく」という感じで動くこと！　そこ、動くんですか⁉　絵本を読んでいたときには、尻だからなんとなく動かないと思ってました。

主題歌では、おしりたんていや助手のブラウンや怪盗Uが楽しく踊り、お尻お尻お尻お尻お尻と20回ほど連呼するのだが、その途中で驚愕の事実が明かされる。おしりたんていのＩＱは１１０４。これはすごい。ＩＱは「インテリジェンス・クォーシェント」の略で、日本語では「知能指数」。頭のよさを表す数値とされ、平均は１００。85～１１５に68％、70～１３０に95％が含まれ、１５０を超えると天才といわれる。

そのＩＱで１１０４！　どれほど頭がいいのか、ププッと計算してみよう。

どれほど頭がいいのか？

ＩＱの算出方法は、大人と子どもで違っているが、おしりたんていはジェントルマンなので、ここでは大人向けで考えよう。これは大勢にテストを受けさせて、平均と標準偏差を出すことから始まる。標準偏差は「平均からどれほど離れているのが標準か」という数値で、「平均との差の2乗の平均」の正の平方根である。

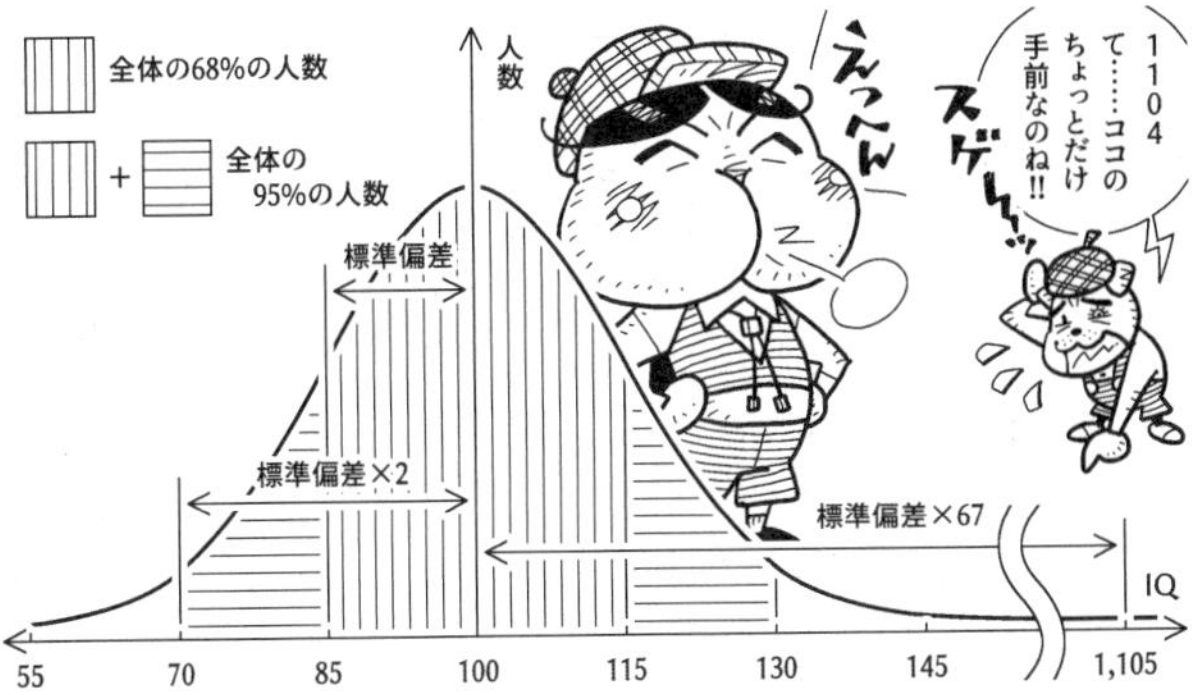

[図1] すごすぎる。世界一の天才だって、標準偏差×6.32なのに……

また、ある値に注目して「横軸＝注目する値、縦軸＝人数や個数」にしてグラフ化すると、母集団が大きい場合は**【図1】**のような山なりになる。平均の近くが多く、平均から離れるほど少ない。このような散らばり方を「正規分布」という。正規分布では「平均±標準偏差」に68％、「平均±標準偏差×２」に95％が含まれる。ＩＱでは標準偏差を15に換算するので、「85〜１１５に68％」になる。

当然、ＩＱが上がるほどレアな存在になり、たとえば１６０以上は３万２千人に１人しかいない。１８０以上となると、２１００万人に１人。日本人は１億２６００万人だから全国でたった６人ということだ！

おしりたんていの１１０４とは平均との差が１００４で、標準偏差15の67倍。そういう人は４×10の１２３３乗人に１人。つまり、

```
0  0  0  0  0  0  0  0  0  0  0  0  0  0  0  0  4
0  0  0  0  0  0  0  0  0  0  0  0  0  0  0  0  0
0  0  0  0  0  0  0  0  0  0  0  0  0  0  0  0  0
0  0  0  0  0  0  0  0  0  0  0  0  0  0  0  0  0
0  0  0  0  0  0  0  0  0  0  0  0  0  0  0  0  0
0  0  0  0  0  0  0  0  0  0  0  0  0  0  0  0  0
0  0  0  0  0  0  0  0  0  0  0  0  0  0  0  0  0
0  0  0  0  0  0  0  0  0  0  0  0  0  0  0  0  0
0  0  0  0  0  0  0  0  0  0  0  0  0  0  0  0  0
0  0  0  0  0  0  0  0  0  0  0  0  0  0  0  0  0
0  0  0  0  0  0  0  0  0  0  0  0  0  0  0  0  0
0  0  0  0  0  0  0  0  0  0  0  0  0  0  0  0  0
0  0  0  0  0  0  0  0  0  0  0  0  0  0  0  0  0
0  0  0  0  0  0  0  0  0  0  0  0  0  0  0  0  0
0  0  0  0  0  0  0  0  0  0  0  0  0  0  0  0  0
0  0  0  0  0  0  0  0  0  0  0  0  0  0  0  0  0
0  0  0  0  0  0  0  0  0  0  0  0  0  0  0  0  0
0  0  0  0  0  0  0  0  0  0  0  0  0  0  0  0  0
0  0  0  0  0  0  0  0  0  0  0  0  0  0  0  0  0
0  0  0  0  0  0  0  0  0  0  0  0  0  0  0  0  0
0  0  0  0  0  0  0  0  0  0  0  0  0  0  0  0  0
0  0  0  0  0  0  0  0  0  0  0  0  0  0  0  0  0
0  0  0  0  0  0  0  0  0  0  0  0  0  0  0  0  0
0  0  0  0  0  0  0  0  0  0  0  0  0  0  0  0  0
0  0  0  0  0  0  0  0  0  0  0  0  0  0  0  0  0
0  0  0  0  0  0  0  0  0  0  0  0  0  0  0  0  0
0  0  0  0  0  0  0  0  0  0  0  0  0  0  0  0  0
0  0  0  0  0  0  0  0  0  0  0  0  0  0  0  0  0
0  0  0  0  0  0  0  0  0  0  0  0  0  0  0  0  0
0  0  0  0  0  0  0  0  0  0  0  0  0  0  0  0  0
0  0  0  0  0  0  0  0  0  0  0  0  0  0  0  0  0
0  0  0  0  0  0  0  0  0  0  0  0  0  0  0  0  0
0  0  0  0  0  0  0  0  0  0  0  0  0  0  0  0  0
0  0  0  0  0  0  0  0  0  0  0  0  0  0  0  0  0
0  0  0  0  0  0  0  0  0  0  0  0  0  0  0  0  0
0  0  0  0  0  0  0  0  0  0  0  0  0  0  0  0  0
0  0  0  0  0  0  0  0  0  0  0  0  0  0  0  0  0
0  0  0  0  0  0  0  0  0  0  0  0  0  0  0  0  0
0  0  0  0  0  0  0  0  0  0  0  0  0  0  0  0  0
```

00人に1人！

もう目がおかしくなりそうだけど、これは印刷のミスではありません。0が123

３個並んでいるのです。おしりたんていは、それほどアタマがいいということだ！

ブラウンには負けたくない！

だが２０２３年現在、世界人口は８０００００００００人。そんなのあり得る？　それが、あり得るのだ。たとえば問題がモーレツに難しくて、おしりたんていは１００点、他は全員０点といった極端な結果だったとき。具体的に計算してみると、おしりたんていのＩＱ１１０４が実現するのは、４４８２人がＩＱの試験を受け、おしりたんていが１００点で、他の４４８１人がそろいもそろって０点のとき。……って、どんな問題なら、そんな結果になるんですかね。ちょっと想像がつきません。

　ＩＱ１１０４とは、具体的にどれほどの頭のよさなのだろう。アニメには、視聴者が画面のなかの人物を探すコーナーがある。ある回では「さあ、写真に写っている３人は、どこにいるかな？　10秒で見つけたら、おしりたんていレベル」と説明されていた。えっ、ＩＱ１１０４ってそんなレベル!?　だったら筆者もクリアできますぞ～。

　自信満々で問題の３人を探した。画面のタイマーが刻々と進むなか、ナレーターに「30秒ならブラウンレベルだよ」などと言われ、焦りに焦りながらも、22秒で全員を発見。ほっ、ブラウンには勝てたか、と思ったら、なんと３人目が間違ってました。わ～っ、筆者はブラウン以下！　おしりたんていのお尻、いや足下《もと》にも及びません～。

人気再燃！『ウルトラマンレオ』のセブンガーがオモシロすぎる！

2022年9月に放送されたNHK『全ウルトラマン大投票』の「ウルトラメカ」部門で、なんとセブンガーが1位を獲得した。これにはもう本当にびっくり！　ウルトラメカといえば、ウルトラホーク1号とか、ポインターとか、ジェットビートルとか、マットアローとか素晴らしいものがいろいろあるではないですか。それらを上回って、セブンガーが1位ですと⁉

とはいえ、このセブンガーは筆者のアタマに浮かんだセブンガーではなく、20年に放送された『ウルトラマンZ』で防衛チーム・ストレイジが開発したロボット兵器。正式名称を「対怪獣特殊空挺機甲1号機（通称は、特空機1号）」といい、人間が搭乗して操縦する。怪獣と戦うだけではなく、荒廃した街の瓦礫《がれき》を片づけるなど、幅広く活躍していて、『ウルトラマンZ』には欠かせない存在になっているようだ。

筆者にとってのセブンガーは、もちろん『ウルトラマンレオ』に登場したロボット怪獣のほうである。見た目もイマイチで（『ウルトラマンZ』のセブンガーも外見の印象はあまり変わらないが）、確かあまり役に立たなかった。しかも登場したのは1回だけ。当時は「ミクラスやウィンダムみたいに、準レギュラーになるのでは⁉」と思っていたのだけど、再び出てくることはなかったはずで、「あまり役に立たなかったからかなあ」と思った覚えがある。それゆえだろうか、いまでも「セブンガー」と聞くと、胸に甘酸っぱいものがこみ上げてくる……。

とはいえ、ボンヤリした記憶で、ハッキリ覚えているわけではないので、ここで『ウルトラマンレオ』の第34話を見てみよう。

郷秀樹の大失態！

セブンガーが登場する『ウルトラマンレオ』は、1974年から1年間放送された番組で、その作品世界は独特であった。

故郷のL77星をマグマ星人に滅ぼされたウルトラマンレオは、地球に来て、おゝとりゲンと名乗り、スポーツセンターで働いていた。一方、モロボシ・ダンは宇宙パトロール隊MACの隊長として地球を守っていた。

そこへマグマ星人が2匹の怪獣を率いて襲来。ダンはウルトラセブンに変身し、ゲンもレオに変身して戦う。協力して怪獣たちを倒すが、セブンは足を負傷したうえに、変身能力を失ってしまう。そこでゲンはMACに入隊し、地球の平和を守ろうと決意する。――そう、この番組のポイントは、ウルトラセブンは地球にいるのに、変身能力をなくして、ずっとモロボシ・ダンのまま、というところなんですね。

さて、問題の第34話「ウルトラ兄弟永遠の誓い」は、帰ってきたウルトラマン（現在の名称はウルトラマンジャック）が、手に何かを持って宇宙を飛ぶシーンから始まる。

ナレーションが視聴者に呼びかける。「帰ってきたウルトラマンが持っているもの、何だろう？　これはね、変身できなくなったモロボシ・ダンのための新しい武器としてウルトラの国からプレゼントされた怪獣ボールだ」。

ウルトラの星から地球まで３００万光年。そんな遠くからわざわざ運んできたのだから（ずっと手に持っているのもすごい！）、ぜひとも役に立ってくれんと困るが……。

ここで二面凶悪怪獣アシュランが襲いかかる。ジャックは近くの星に降り立って戦うが、アシュランはものすごく強くて、怪獣ボールを奪われそうになる。なんとか振り切って地球にたどり着くが、郷秀樹の姿に戻ったときは、ケガをしたうえに、アシュランが浴びせた光線によってマスクで口を塞《ふさ》がれ、喋れなくなっていた。

郷秀樹は、海岸で倒れていたところをゲンに救出される。怪獣ボールはすぐ近くに落ちていたが、拾い上げる前に気を失ってしまう。そのままスポーツセンターの医務室に運ばれ、目覚めて驚愕し、苦悩する郷秀樹。

その胸の内をナレーションが語る。「帰ってきたウルトラマン・郷秀樹は、セブンに渡さなければならない怪獣ボールを失くしてしまった。怪獣ボールがなければ、何のために地球に来たのか意味がなくなる。セブンに、モロボシ・ダンに合わせる顔がない」。合わせる顔とかの問題なのか⁉

少し回復してから海岸へ行ってみると、怪獣ボールがない！　見回すと、子どもたちが怪獣ボールでホッケーをやっている！　郷は高く上がった怪獣ボールをジャンプしてキャッチ。子どもたちは「返せ！」「返せ！」と叫びながら、石や砂や干からびた海藻を投げつけるが、それでもじっと耐える郷秀樹……。

ここまで物語の焦点になっておいて、役に立たなかったら、もはや一大事である。

1分戦って、50時間休む！

こうしてついに、郷秀樹はモロボシ・ダンに怪獣ボールを渡す。それは手のひらサイズでラグビーボールのような形をしていた。

怪獣アシュランは地球に飛来して暴れていたので、ダンはすぐさまアシュランに怪獣ボールを投げる。すると、爆発が起こり、煙のなかからセブンガーが出現。ドラム缶のような胴体から手足が生えていて、頭の左右に目が飛び出している。しかしその目は眠そうな半開きで、なんともカッコ悪い……。

しかし、セブンガーは強かった。帰ってきたウルトラマンを苦戦させたアシュランが連続パンチを見舞うが、ビクともしない！　片手でなぎ倒す！　アシュランの光線もまったく効かない！　歩いてぶつかっただけでハネ飛ばす！　投げ飛ばす！　左右のパンチでコマのように回転させる！　もう大圧倒である。こんなに強かったのか、セブンガー！

ところが、アシュランがグロッギーになったところで、セブンガーは消滅してしまった。ここで呑気《のんき》にナレーション。「あと10秒時間があれば、アシュランをやっつけることができたのにねえ。この怪獣ボールのなかのセブンガーは1分間しか戦うことができないんだよ」。

え〜〜〜っ、1分!?　３００万光年も彼方から運んできたのに、1分しか戦えないの!?　ウルトラの星の技師たちも、なぜもっと長く戦える設計にしなかったかなあ。

結局、アシュランは再び暴れる。レオに変身して戦おうとするゲンだが、ダンは「レオとウルトラマンが協力しなければヤツを倒すことはできん」と制止して、郷秀樹の完治を待つ方針を告げる。ゲンが「一人でダメなら、怪獣ボールといっしょなら」と食い下がると「いや、これは一度使うと、あと50時間は使えないんだ」。

ご、50時間は使えない!?　たった1分戦っただけなのに!?　ホントにもう、お願いしますよ、ウルトラの星！

というわけで、結局『ウルトラマンレオ』全51話のなかで、セブンガーが活躍したのは、さっきの1分だけ。強いことは間違いないが、役に立たないのも間違いない。強いのは覚えていなかったが、役に立たないのは筆者の記憶どおりだった……**【図1】**。

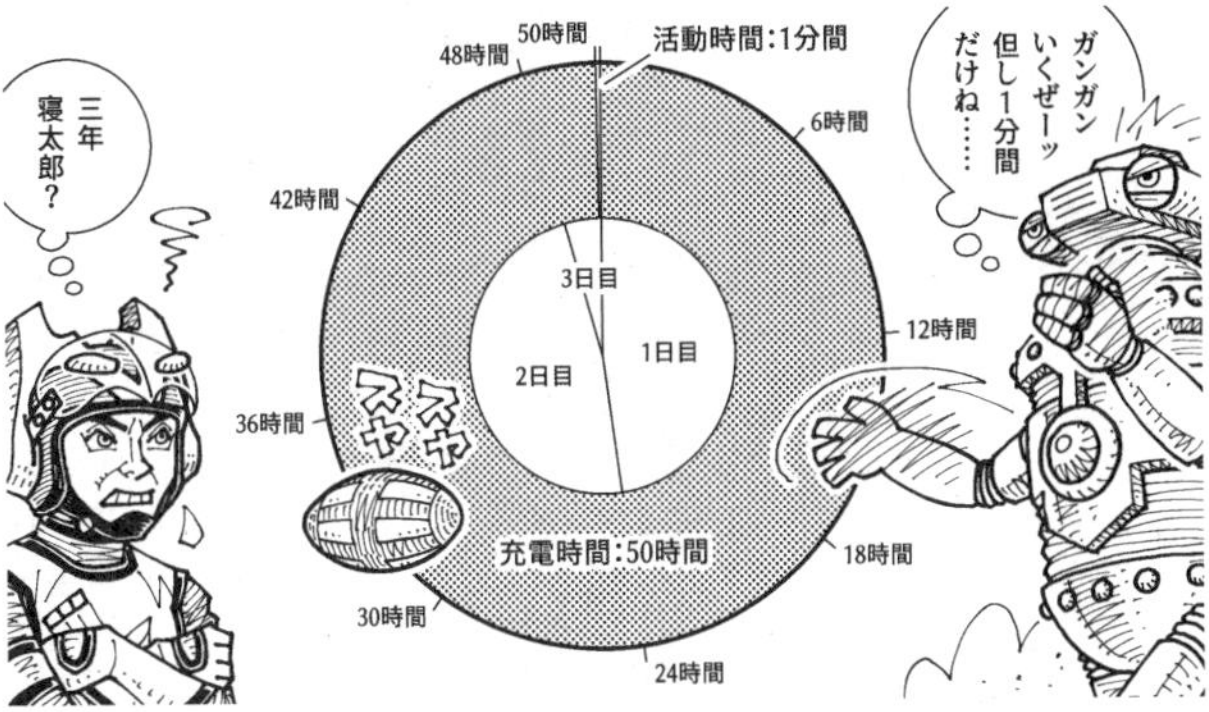

[図1] どういう使い方をすればいいのか、悩ましい助っ人ロボットだ

めっちゃ優秀なセブンガー！

それにしても、活動時間が1分で、再登場可能なのが50時間後。これはどういうことか？　多くの携帯電話は、フル充電すれば、充電時間と同じくらい通話ができる。ひょっとして、セブンガーも怪獣ボールのなかで充電しているけれど、その充電能力が極端に低いのだろうか。

そこでセブンガーのパワー（1秒あたりに消費するエネルギー）を求めてみよう。

パワーの単位は「W」や「kW」で、人間がボクシングやレスリングをするときのパワーは2・2kWといわれる。これが身長180cm、体重70kgの選手の値だとしよう。セブンガーをその選手と比べると、体重（3万3千t）は47万倍、身長（58m）は32倍だ。人型ロボットを動かすのに必要なパワーは、身長の平方根と、体重に比例する。身長比32の平方根は5・68だ。また、セブンガーはモノスゴク強いので、右の選手が巨大化したときの2倍のパワーがあるとしよう。するとセブンガーのパワーは、2・2kW×47万（体重分）×5・68（身長分）×2（モノスゴク強い）＝1180万kW！

重量がほぼ2倍の戦艦大和（6万5千t）でさえ11万3千kW（15万3553馬力）だから、セブンガーは大和より100倍くらい強いのだ。日本最強クラスの発電力を誇る富津《ふっつ》火力発電所（516万kW）がフル稼働しても、セブンガーに必要なパワーを供給できない。なんと、セブンガーがこんなに強いとは思わなかった！

こうなると、充電に50時間かかるのも仕方ない気がしてきました。50時間とは3千分で、これは活動時間1分の3千倍だから、充電に必要な電力は、1180万kW÷3千＝3940kW。山手線の消費電力（2280W）を大きく上回る。怪獣ボールは手のひらサイズだから、そんなに小さくてこの充電力は、さすがウルトラの科学というべきか。

ちょっと（いや、かなり）見直したセブンガー。ほぼ半世紀を経て『ウルトラマンZ』で重要な存在となり、『全ウルトラマン大投票』で1位になったのも、しみじみナットクである。

『アンパンマン』のしょくぱんまんに「兄弟が多数」という噂は真実？

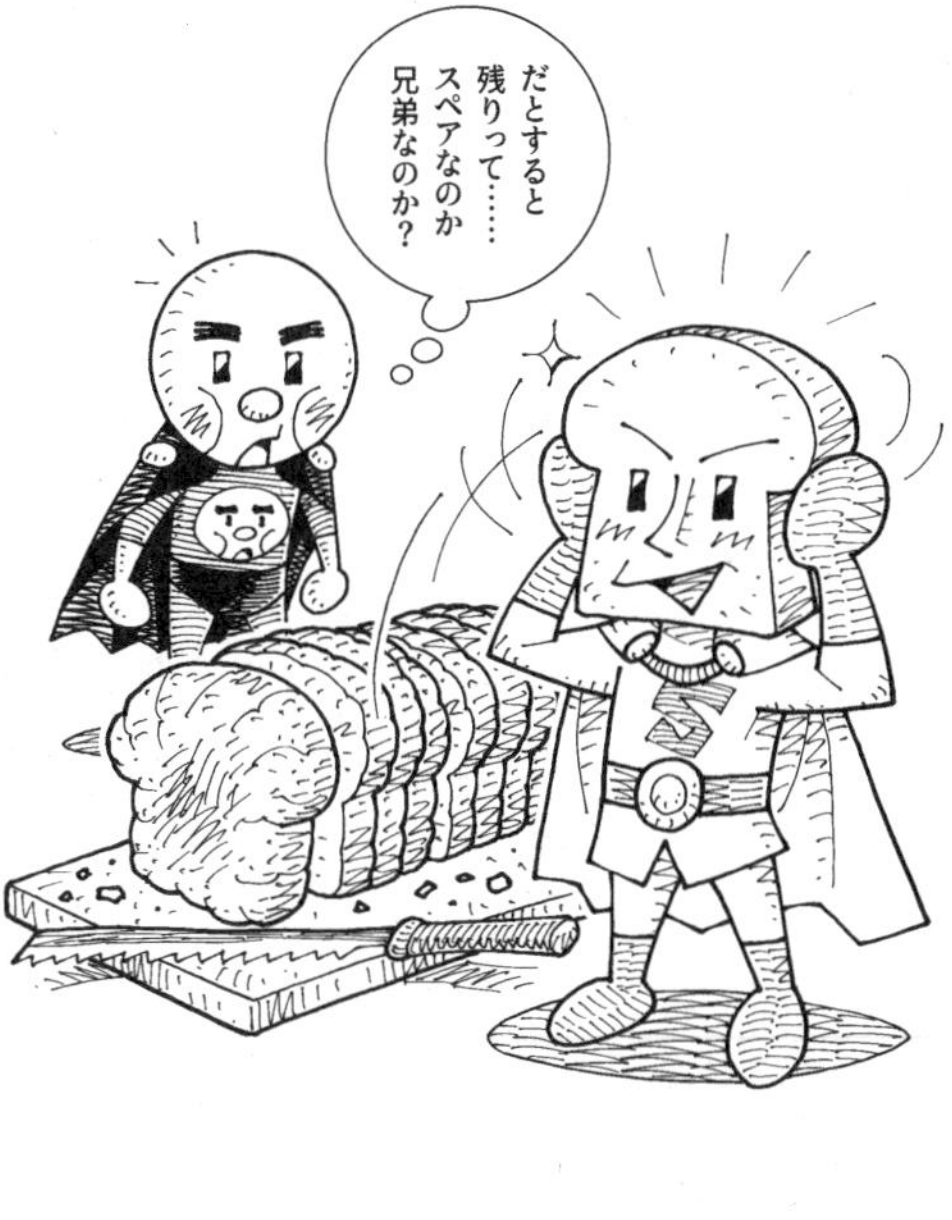
だとすると
残りって……
スペアなのか
兄弟なのか？

『それいけ！アンパンマン』のサブキャラクター・しょくぱんまんは、かっこいい。すらりと背が高く、顔がキリリと引き締まっていて、紳士的。優しくて頼りになるお兄さんというイメージだ。

『アンパンマン大図鑑プラス 公式キャラクターブック』(フレーベル館)でも「あたまが よくて かっこいい アンパンマンの なかま。きょうりょくな しょくパンチが とくいわざ」と誉め言葉ばかりで紹介されている。

まあ、それも当然で、トースター山生まれのこのヒトは、自分で作った食パンをしょくぱんまん号で給食として届けている。子どもたちからの信頼は絶大で、ばいきんまんがしょくぱんまんに化けて悪事を働いたとき、子どもたちは声をそろえてこう言った。「しょくぱんまんが、そんなことをするはずはないよ」。人として生まれたからには、こんな大人になりたいものである。

もう一つ特筆したいのは、しょくぱんまんがドキンちゃんに熱く愛されていること。彼女は物陰から見つめては「しょくぱんまん様〜」と目をハートにし、ばいきんまんがしょくぱんまんを攻撃しようとすると、「おばか〜!」と叫んで、包帯だらけにすることもある。男子として生まれたからには、こんなふうに慕《した》われたいものである。

仕事もうまくいき、みんなに信頼されて、愛してくれる人もいる。まことにリア充な人生だと思うが、そんなしょくぱんまんにアヤシイ噂があることをご存じだろうか。それは「彼には、まだ見ぬ兄弟がいっぱいいるのではないか!?」という衝撃の疑惑だ！

しょくぱんまんは12人兄弟!?

え？　そんな噂、知らない？　まあ、そうでしょうなあ。筆者が考えて、空想科学研究所の内部で広めているだけの噂だから。

しかしこれ、根拠のない話ではありませんぞ。それどころか、きわめて科学的な視点に基づく推測なのだ。

アンパンやカレーパンは、焼いたり揚げたりすれば完成するが、食パンの場合は、いったん完成したパンを「切り分ける」という二次加工が必要である。食パンは、お店で売っている1袋分を「1斤《きん》」といい、パン屋さんでは1つの型で3斤分を焼くことが多い（これを「1本」と呼ぶ）。

近所のスーパーで食パン1斤を買ってきて測ると、縦13cm、横10cm、厚さ12cm。これが3斤分で1本なら、焼き上がった食パンの長さは36cm。つまり、食パンを切り分けなかったら、しょくぱんまんは、顔の前後が横幅の3・6倍もあるトンカチみたいな頭の人になってしまう。

しかも、しょくぱんまんの顔はかなり大きい。身長を180㎝と仮定してアニメの画面で測定&計算すると、縦85㎝、横57㎝もある。通常の食パン1本と同じく長さが横幅の3・6倍なら、顔の前後の長さは2m5㎝！　わ〜、こんなしょくぱんまん様はイヤだ〜。

現状の姿を見る限り、しょくぱんまんも誰かが切り分けたに違いない。すると、しょくぱんまんには、必然的に「兄弟」が生まれるのではないだろうか。1斤を4枚に切るとしたら、1本＝3斤で12人。つまり、僕らのしょくぱんまんは、12人兄弟に違いないっ！

しかも彼は、長男でも末っ子でもないだろう。1本のパンの両端には、茶色く焼けた皮がついているから、長男と末っ子の後頭部は茶色のはずである。言うまでもなく、われらの知るしょくぱんまんは顔の後ろも真っ白。ということは、12人兄弟の次男〜11男のうちのいずれか……であるはずだ。

どうする、ドキンちゃん⁉

そういう話になると、筆者が気になるのはドキンちゃんである。彼女はなぜ、あれほどまでにしょくぱんまんを愛するようになったのか。

始まりは、パン泥棒だった。しょくぱんまんがしょくぱんまん号で走っていたら、道に女子が倒れている。慌てて急ブレーキを踏むしょくぱんまん。その女子はドキンちゃんで、捻挫《ねんざ》をしたふりをして、しょくぱんまんを引きつけているあいだに、ばいきんまんが荷台から食パンを盗む……という作戦だった。そんなこととは知らないしょくぱんまんは、車を降りて声をかける。「お嬢さん、大丈夫ですか？」。これにドキンちゃんは、熱く反応した。

しょくぱんまんに「お嬢さん」と呼ばれて、胸がドキン。そして、しょくぱんまんの顔を見て「あ～っ！」と叫んだ。そう、まるっきりの一目惚れ！　このエピソードから考える限り、ドキンちゃんは、しょくぱんまんの外見がメチャクチャ好みだったと思われる。

外見で一目惚れするのに文句はない。ないのだが、筆者の見立てでは、しょくぱんまんは他に11人の兄弟がいるかもしれないのである。彼らは同時に生まれたのだから、遺伝子も同じで、顔もそっくりだと考えるのが自然だろう。そのヒトビトに出会ったとき、ドキンちゃんはどういう反応をするのか。はたして、しょくぱんまんへの愛を貫けるのか……と筆者は深く心配する。

――と書きながら自分で思うけど、ホントによけいなお世話でしかありませんな、この話。

顔の交換がムズカシイ

では、よけいではない話。しょくぱんまんの顔を見ていると、どうしても考えずにはいられないことがある。このヒト、顔の交換はどうやっているのか？

アンパンマンの場合は、顔が汚れたり濡れたりして力が出なくなると、ジャムおじさんが焼いてくれた新しい顔を、バタコさんやチーズが投げてくれる。なかなかワイルドな方法だが、事態は急を要するのだから仕方がない。もし、しょくぱんまんも同じ方法で顔を交換するとしたら、うまく行くのだろうか？

立ちはだかるのは、空気抵抗だ。これは空気が物体の運動を邪魔する力で、空気の当たる面積が広いほど強くなり、抵抗の大きさは物体の形状や空気の当たり方によっても変わってくる。

この点、アンパンマンは理想的である。彼の顔は鼻を除けばきれいな球形だから、どんな向きでも空気の当たる面積は変わらない。野球やサッカーのボールといっしょで、安定して飛んでいく。

ところが、しょくぱんまんの顔は、厚みのある長方形。こうした形状の物体は、顔を正面に向けて飛んでいくか、地面や空に向けて飛んでいくかによって、空気の当たる面積が大きく変わるのだ。

1本で長さ2m5cmの食パンを12枚に切り分けると、1枚あたりの厚さは17cmにな

[図1] パンの顔を投げて取り替えるのは、モーレツに難しいと思う

る。顔を正面に向けて飛ばすと、空気の当たる面積は85㎝(縦)×57㎝(横)。一方、顔を地面に向けて(あるいは上に向けて)飛んでいくなら、空気の当たる面積は17㎝×57㎝。ちょうど縦と厚さの比に等しい5倍もの差が出る。

さらに、顔を地面(または上)に向ける場合は、回転するかしないかによっても違ってくるだろう。実際には、どうなのか?

実験とはいえ、食パンを投げるわけにもいかないので、筆者は食パンと同じような形状の四角い発泡スチロールの板を投げてみた。広い面を正面に向けて投げると、思い切り空気抵抗を受け、複雑な軌道を描いてたちまち落下してしまう。一方、平らにして回転を加えて投げると、フリスビーのようにクルクル回転しながら、遠くまで飛んだ。

結論。しょくぱんまんの顔を交換する場合は、投げる人は顔（食パン）を水平にして、フリスビーの要領で投げることを心がけていただきたい。だったら、しょくぱんまんが離れたところで戦っていても届く……あっ。でもその角度のまま顔が入れ替わってしまったら、しょくぱんまんの顔は、いつも下向き、あるいは上向きに⁉　急に背も低くなって、フォルムもまるでキノコみたいになってしまうのでは⁉【図1】

うーん。うーん。やはり食パンの顔を投げて交換するのは難しいかな。

『ＨＵＧっと！プリキュア』の驚愕行為！
「高い高い」で宇宙まで投げた！

マンガやアニメで転校生がやってくると、その人物はたいてい、物語に大きな影響を与える重要キャラになりますな。『HUG《ハグ》っと！プリキュア』の場合、それはルールーだった。

主人公・野乃《のの》はなたちのクラスに転校してきた彼女は「ルールー・アムールです。効率が悪いので敬称はいりません」と冷めた自己紹介をする。でも、すごい美少女だし、教科書も見ないで『源氏物語』を暗唱するなど頭脳明晰だし、柱にパンチでひびを入れるくらい体力も驚異的。たちまち学園中の注目の的になった。ところが、はなたちが開いた歓迎会で、ルールーは「最初に自己紹介の挨拶をした時点で、お互いの存在は認識できたはず」と、歓迎会全否定の発言をしてしまう。おおっ、空気を読みませんな！

と思ったら、実はルールー・アムールはアンドロイドだった。彼女にとって、人間の心は「理解不能」だったのだ。しかも悪の組織クライアス社のアルバイト職員で、プリキュアの情報を収集するためにラヴェニール学園に転校してきたという、かなり危険なキャラクター。

そんなルールーがやがて心を宿して、クライアス社と決別、キュアアムールに変身して、はなたちといっしょに戦うようになる……というのは、少し後の話だ。ここでは、転校して間もない頃のルールルーが見せたオドロキの行為を考えたい。その時点では、はなたちもまだ彼女がアンドロイドだとは気づいていないのだが、ルールーは保育園でのお仕事体験のとき、「高い高い」で大人の男性を宇宙まで飛ばしたのである。むむむむっ、これはとんでもないビックリ事件なのでは⁉

アンドロイドとバレバレでは⁉

それ以前のルールーの行為も、科学的には相当すごい。

テニスの試合でルールーがボールを打つと、地面に当たってパアン！と破裂して、無数の破片が花びらのように散った。現実の世界でテニスボールが割れるとしたら、古いボールの弱くなった部分が裂けて、二つに割れる場合くらいだろう。ルールーのボール破壊はそんなモノではない。破片が飛び散ったとなると、地面に当たった衝撃でボールが限界まで変形し、ついに破裂したと考えられる。

計算してみると、地面にぶつかった速度は時速3400㎞＝マッハ2・8！　ボールを打ったルールーの力は25ｔ！　ものすごすぎる！

また、冒頭に記した「柱にひびを入れた事件」では、ルールーは直径25㎝ほどの柱にパンチして、上下50㎝の領域にひびを入れた。それがコンクリート製なら、60㎏のコンクリートを破壊したことになる。ルールーの体重を55kgとすると、パンチのスピードは時速320km。通常のボクサーの8倍であり、パンチの衝撃は8×8＝64倍で30tと、ますますすごい！

大事なことだから繰り返すが、これらの時点では、ルールーがアンドロイドであることはバレていない。なのに、テニスボールの場合は、輝木《かがやき》ほまれ（キュアエトワール）がアキレ顔で「ゲームセット、ルールーの勝利」と告げるだけだし、柱のときは陰から見ていた薬師寺さあや（キュアアンジュ）が「強いんだね」と感心するばかり。明らかに人間の力を超えているのにっ！　もっともっと怪しんでもらいたい。

「高い高い」で地上4万kmまで！

さて、本題。「高い高い」で宇宙まで投げ上げるというのは、どれほどすごいことなのだろうか？

ことの経緯はこうだ。はなの母のすみれは雑誌の編集者で、はなたちの「お仕事体験」をレポートする記事を書いている。今回の仕事場は、保育園。はなたちにプリキュアの力を与えた「はぐたん」（未来から来た赤ちゃん）もいっしょである。

はなたちは、赤ちゃんたちに「高い高い」をしていた。ルールーも抑揚《よくよう》のない声で「高い高い」とやっている。ここへやってきたのが、ハリー（正体はハムスターだが、普段は長身なイケメンの姿をしている）である。ひときわ高いルールルーの「高い高い」を見て、自分にもやってほしいとせがむ。はなが「ハリー、大人でしょ」と言っても、「大人かて、飛びたいときはあるんや、オレもオレも～」と引き下がらない。ほまれが「ルールルー、放っときなよ。冗談で言ってるんだから」とスルーさせようとするが、アンドロイドのルールルーには冗談が理解不能だった！

ハリーの両脇腹に手を当てるや、ハリーが「高い高……」まで言ったところで、シュパッ！　と投げ上げる。ハリーは叫び声を上げながら、宇宙空間へ！　一瞬静止して、落ちてくる！　ルールルーはあちこち移動しながら落下地点を見きわめ、両手でバシッと受け止めた。

これに、保育園の赤ちゃんたちは手を叩いて大喜び。はなたちは茫然としていたけど、さすがに人間ワザじゃないと気づいていただきたい。いまヒト一人、宇宙まで行ってきたんですぞ！

アニメに描かれた地球の見え方から計算すると、気の毒なハリーは地上４万１９００㎞まで上昇したとみられる。ここの単位、「m」じゃなくて「㎞」だから、ご注意くださいね。

高度４万１９００㎞とは、すなわち地球の直径の３・３倍。静止衛星軌道（地上３万５８００㎞）よりも高いのだ！

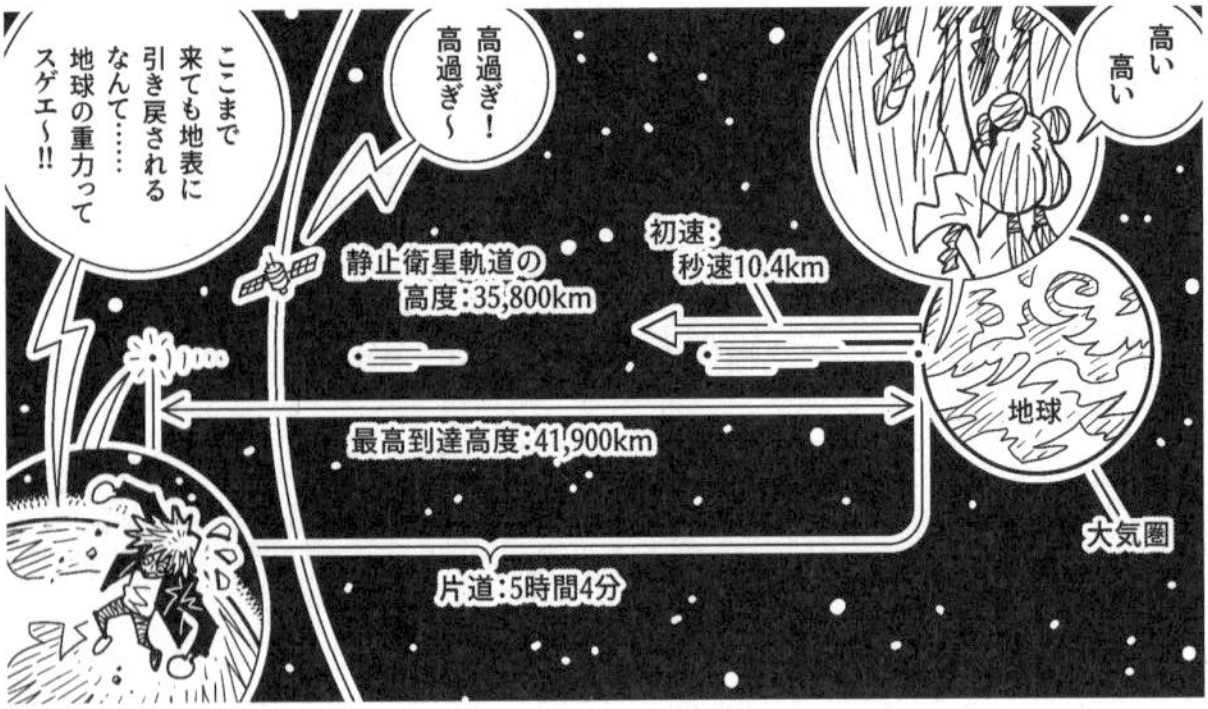

[図1] 赤髪の青年は、念願の「高い高い」ではるか宇宙への旅をした

落ちてくるのは10時間後！

ここまですごい行為となると、科学的に考えたくなることが山のようにある。

重力によって運動する物体の滞空時間は、高度だけで決まる。高度4万1900kmまで投げ上げられたハリーは、そこに到達するまでに5時間4分かかり、そこから落下して地上に達するのにも5時間4分かかる。合計10時間8分！　そのあいだ、ルールーはもちろん、はな、ほまれ、さあやも落ちてくるのを待っていたのだろうか。モノスゴク辛抱強い人たちだ**［図1］**。

また、10時間も宇宙に飛び出していたら、その間に地球は152度も自転してしまう。ハリーが東京で真上に投げ上げられたとすると、落ちてくるのはイタリアの南方海上だ。これを受け止めるには、10時間でイタリアまで移動しなければならず、ルールルーも大変だ！

――などなど、筆者には気になる問題が多々あるのだが、劇中ではそうはならず、投げてから9・5秒で、投げたのとほぼ同じ場所に落ちてきた。モーレツに不思議です。でも、ルールルーの偉業を前にして、細かいことを気にしている場合ではない。ここでは「ハリーが地上4万1900kmまで上昇した」という事実から、ルールルーが発揮した力を求めよう。

　地上から、物体を高度4万1900kmまで上昇させるには、秒速10・4194kmの速度を与えなければならない。この数値は、ハリーにとって不幸中の幸いである。地上から秒速11・1846km以上の速度で発射された物体は、地球の重力を振り切って二度と落ちてこない。つまり、もしルールルーが劇中より秒速765・2m＝7・3％ばかり速く投げ上げていたら、ハリーはお星さまになっていたのだ！　きっとルールルーが手加減してくれたんでしょうなあ。

　このとき彼女が発揮した力を求めるために使う式は、次の2本。

エネルギー＝1／2×ハリーの体重×速度^2

発揮した力＝エネルギー÷投げる動作でハリーを動かした距離÷重力加速度

「重力加速度」は天体表面の重力の強さを表す数字で、地球の場合は9・8［m／秒^2］。

長身痩躯《ちょうしんそうく》のハリーの体重は、見た感じ70kgぐらいで、ルールルーがハリーを動かした距離は、画面の描写から70cmほどと思われる。これらを上の式に入れて計算すると……、出ました。発揮した力は、5億5千万kg＝55万t！　ぬおっ、テニスボールや柱の破壊とはケタが違いすぎる！

　しかも、落ちてきたハリーを受け止めた点に注目すると、もっとすごいことになる。ルールルーは受け止める動作で手を10cmほどしか動かしていない。物体は、投げ上げたときと同じ速度で落ちてくるから、エネルギーは同じ。一方「動かす距離」は70cmから10cmへと7分の1になっているから、つまり発揮した力は7倍の385万t！

　う〜ん。すごすぎて、もう何がなんだかわかりません。これほどの行為を目にしても、はなたちはまだルールルーの正体に気づいてなかったけど、科学的にはそれがモーレツに不思議といえる。

『宇宙戦艦ヤマト』のデスラー総統が古風な言葉で話すのはなぜなのか？

ていねいに話しているだけなのだが……「古臭い」とはなぁ
諸君ッ私の話し方も古臭いかね!?

マンガやアニメにはさまざまな「お約束」があるが、その一つが「悪役は古風な言葉で話す」だろう。

『映画プリキュアオールスターズNew Stage みらいのともだち』の敵も「我が名はフュージョン！　すべてを破壊し、世界を闇に染める！」と時代を疑う自己紹介をしていたし、『映画ドラえもん　のび太の魔界大冒険』の魔王など「怪しい者は、すべて逃《に》がすではない！」と江戸時代の役人のような口調で命令していた。

『転生したらスライムだった件』で、魔国連邦に攻め込んだエドマリスに至っては「余はこのファルムスの王として余の親愛なる国民を脅かす存在を野放しにすることはできぬ」と、悪役の模範解答のような言葉づかいをしていた。

これは筆者が子どもの頃からそうで、『宇宙戦艦ヤマト』のデスラー総統も『仮面ライダー』のショッカーの首領も、使う言葉は古色蒼然《こしょくそうぜん》。たとえば、デスラー総統は「諸君、ヤマトの最期には拍手のはなむけを忘れぬようにな」、ショッカー首領は「栄光あるショッカー日本支部の諸君！」といった調子。ていねいな言葉づかいともいえるが、日常生活ではまず耳にしない表現であった。

悪の首魁《しゅかい》は、なぜわざわざ時代がかった言葉づかいをするのだろうか。ここでは、筆者が昔から気になっていた『ヤマト』のデスラー総統を例に考えよう。読んでくれたまえ、読者の諸君。

ギャグが寒いと死刑になる!

デスラー総統が統《す》べるガミラス帝星は、徹底した独裁体制だった。

たとえば、ガミラスが誇る猛将・ドメル将軍がヤマトを倒す作戦を立て、実際に絶体絶命に追い込んだときのこと。作戦も大詰めというタイミングで、デスラー総統から電話がかかってきた。

「君はとんでもない浪費家だよ。やめてくれたまえ」。ドメルの作戦は、確かに自軍の基地を犠牲にするものだったが、すでにヤマトの殲滅《せんめつ》は確実という段階に入っていた。そんな完遂《かんすい》目前の仕事ですら、デスラー総統は「鶴の一声」で無にできるのだ。

また、ガミラス軍の幹部を集めた集会で、デスラー総統が「諸君、宇宙戦艦ヤマトの無事を祈って乾杯しようではないか」と、皮肉めいた冗談を言ったことがある。

それに対して、ある幹部が「うわっはっはっは。ヤマトの無事を祈って!?　これは面白い。総統も相当、冗談がお好きなようで」と言った。総統の機嫌を取ろうとの追従《ついしょう》で、説明するまでもありませんが、「総統も相当」というところが駄洒落になっているわけですね。

それを聞いたデスラーは、不快な表情で手元のボタンを操作。すると、床がパカッと開いて、その幹部は奈落の底へ落とされてしまった。総統は冷たく言う。「ガミラスに下品な男は不要だ」。

うっひょ〜、冗談がサムイだけで死刑！　筆者がガミラス星人だったら、間違いなく3日に一度は処刑されるでしょうなあ。

ガミラス軍のような恐ろしい縦社会を維持するためには、権力を誇示する大仰《おおぎょう》な話し方が必要なのかもしれない。まあ、デスラー総統の立場に思いを馳《は》せるなら、あやつの心情もわからぬとは申さぬが……（↑すでに悪役化している）。

すごい翻訳機があった⁉

わからないのは、デスラーがヤマトのクルーたちと会話をするときも、同じように古くさい話し方をすることだ。たとえば、大ヒットした劇場版アニメ『さらば宇宙戦艦ヤマト 愛の戦士たち』で、ヤマトのスクリーンに姿を現したデスラーは、こう言っている。

「大ガミラスは永遠だ。わがガミラスの栄光は不滅なのだよ。ヤマトの諸君、気の毒だがまもなく諸君には死んでもらうことになるだろう」。

デスラー総統はガミラス星人だから、ガミラスの言葉を話しているはずだ。テレビアニメ第1作で、ガミラスの兵士が「ツバクカンサルマ！」と命令するのを、ロボットのアナライザーが「向こうの戦車に乗れ」と訳すシーンがあった。ここから、ガミラスの言葉は日本語と大きく違うこと、また一般の地球人はガミラス語を理解しないことは確実である。

ところが、デスラー総統が右のセリフを述べたとき、誰かが翻訳したわけでもないのに、ヤマトのクルーたちは総統の言葉を完全に理解していた。おそらくヤマトには優れた翻訳機が装備されていて、デスラー総統の言葉も、それを通してクルーたちに伝わったのだろう。つまり、ヤマトのクルーにとって、デスラー総統が仰々しい話し方をしたように感じられたのは、翻訳機がそういう日本語訳をしたから、ということになる。

これ、なかなかすごい翻訳機ではないだろうか？　ちょっと実験してみよう。

ガミラス語がどんな言葉かわからないので、まず帰国子女の友人に、右のデスラー総統のセリフを英語に訳してもらった。

The Great Gamilas Empire is eternal. The glory of our Gamilas will last forever. People of Yamato, it is such a pity that all of you are destined to die soon.

これを翻訳ソフトにかけると、こんな言葉が出てきた。

「偉大なガミラス帝国は永遠です。私たちのガミラスの栄光は永遠に続きます。ヤマトの人々、あなたたち全員がすぐ死ぬ運命にあることは、残念です」。

うひゃ〜、古くさくないどころか、威厳も何もあったもんではない！

真田さんは時代劇が好き

これと比較すると、ヤマトの翻訳機のすごさがヒシヒシとわかるだろう。並みの翻訳機なら「私たちのガミラス」「ヤマトの人々」と訳すところを、この翻訳機は「わがガミラス」「ヤマトの諸君」と訳したのだ。

ここから先は筆者の想像だが、ヤマトの翻訳機がそういう訳をしたのは、おそらく話している人の年齢、性別、社会的地位などに応じて、声のトーンや使用する言葉を選んだからだろう。

この優秀な翻訳機を作ったのは誰か？

筆者が思うに、きっと科学班リーダーの真田さんだ！　このヒトは、イスカンダル星のスターシャからのメッセージも解読し、ヤマトのピンチを何度も救ったすごい科学者なのだ。いざというときのために、デスラー砲をハネ返す装置さえ開発して、密かにヤマトに取り付けていたヒトなのだ。真田さんなら、こういう翻訳機も開発できるかもしれない。

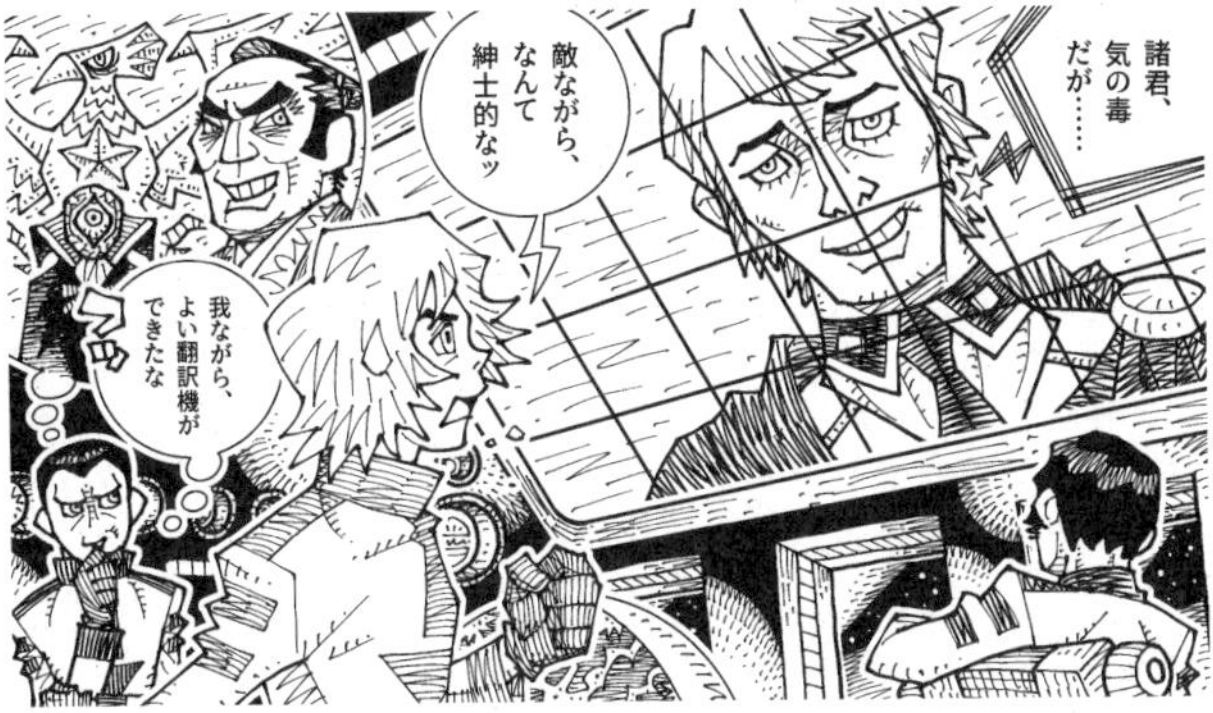
諸君、
気の毒
だが……
敵ながら、
なんて
紳士的なッ
我ながら、
よい翻訳機が
できたな

[図1] 地球を狙う宇宙人総統の言葉づかいは、翻訳機によるものでは!?

　ということは、デスラー総統の言葉が、大仰な古くさい日本語に翻訳されたのは、真田さんの頭のなかに「悪いやつは古い言葉を使う」という固定観念があったからではないか？　では、そんな固定観念を持っていたのは、なぜ？

　おそらく、真田さんが幼少期から接してきた悪人たちが、そういう話し方をしていたからだろう。もちろん、真田さんが実際に悪人に囲まれて成長してきたとは思えないから、たぶんテレビや映画などを通じて。

　そして、テレビや映画でいかにも悪人らしい話し方をする人々といえば悪代官とか、越後屋などの悪徳商人。真田さんは、そういう番組や映画を幼い頃から熱心に見ていたに違いないッ！

　……というワケで、デスラー総統の話し方

から出発して、妄想に妄想を重ねた結果、「真田さんは時代劇ファンだった」という魅惑の大妄想に至りました【図1】。個人的にはかなり納得していますが、皆さまはいかがお考えでしょうか。

マンガやアニメの料理がヘタなキャラ。いちばんヒドイのは誰!?

魅力的な人物だけど、料理は壊滅的に苦手！　現実にもよくあるパターンだと思うけど、マンガやアニメの世界にも大勢いらっしゃいます。

有名なところでは、『ドラえもん』のジャイアン、『SPY×FAMILY』のヨルさん、『ONE PIECE』のルフィ、『転スラ』のシオンなどが思い浮かぶ。それ以外にも強者《つわもの》はたくさんいて、たとえば『銀魂』のお妙さんは、卵焼きを真っ黒になるまで焼いてしまうし、『らんま1／2』の天道あかねは、酢と白ワインを間違えたり、まな板の欠片《かけら》を料理に入れたりするし、『新世紀エヴァンゲリオン』の葛城《かつらぎ》ミサトが作った「レトルトカレーを素材にした料理」を食べたペットの温泉ペンギン・ペンペンは瞬時に倒れたし、『名探偵コナン』の蘭ちゃんの母・妃英理《きさきえり》に手料理を振る舞われたコナンは逃亡したし、『マッシュル』のマッシュは何を作ってもシュークリームになってしまう！

さらに、『七つの大罪』のメリオダスは「豚の帽子」亭という飲み屋を営んでいるプロなのに、その料理を食べた客は吐くか気絶するし、『星のカービィ』でコックカワサキが経営する「レストランカワサキ」は、全メニューがまずい。近くに別の飲食店ができたときは「衝撃の全品100％オフ」で対抗したのに、客足は戻らなかったという。わははは、いったいどうなってるんだ、このヒトたち！笑いごとではない。彼らの料理は、本当にモノスゴイ。見た目もマズそうだし、食べた人が吐いたり、失神したり、命がキケンになったり……。なぜそんなコトになるのか？　ここではジャイアン、ヨルさん、ルフィ、シオンの料理を例に考えてみよう。

その料理に、この材料⁉

そもそも「料理が苦手」とはどういうことだろう。失敗の定番「塩と砂糖を間違える」などの味つけ、「鍋を吹きこぼす」「焦がす」「消し炭にする」などの火加減、「魚が焼けてからご飯を炊く」といった手順の前後など、さまざまな要因があるだろう。

だが、この4人の料理は、そんなレベルをはるかに超えている。

料理ベタの筆頭に挙がる『ドラえもん』のジャイアンは、彼が作る「ジャイアンシチュー」の材料について、こう説明している。「ひき肉とたくあんとしおからとジャムとにぼしと大福と…そのほかいろいろだ」。全面的に材料が間違っている！　なぜそれらの材料でシチューができると思う？

『SPY × FAMILY』ヨルさんのミネストローネに入っていたのは、アニメの画面を見る限り、魚の頭と骨、動物の骨、スパゲティ、マカロニ、各種野菜……。さらに、ヘタがついたままのトマトが丸ごと入っている！　市役所の後輩のカミラに習ってこ

れなのだ。なんでそうなるのっ⁉

『ONE PIECE』ルフィの「おれの気まぐれカレー」を食べた人たちは、こう嘆いていた。ナミ「ルフィ……お米って炊かなきゃ食べられないのよ（涙）」。チョッパー「紫色のニガいの何だ？」。キャロット「全体魚の骨だらけ」。ブルック「大量のジャム!!」。ペドロ「ネバネバした…水色の何か…!!」。ペコムズ「おれ達が一体何をしたってんだ」。まことにご愁傷《しゅうしょう》さまです。

『転スラ』のシオンが作る料理に至っては、素材が何かわからない。紫や青が入り混じった毒々しい流動物から煙が立ち上っており、リムルは「何か取り憑いているように見える」と怯《おび》えていた。

現実の世界の食材には暖色や緑黄色のものが多く、われわれは経験によって、ピンクや赤には「甘み」を、黄色や緑には「酸味」をイメージするようになっているという。しかし、いま挙げた4人の料理は、どれもこれもドギツイ紫色をしている！

もちろん現実にも、紫色の食材はある。ナス、ブドウ、ブルーベリー、紫ダイコン、紫イモなどで、いずれもアントシアニンという植物色素によって生まれた色だ。ジャイアンシチューと、ルフィのカレーに入っていた「ジャム」がブルーベリージャムだったと考えれば、あの毒々しい色もナットクできる……かなあ。

あのヒトたちがそんな気の利いた食材を使っているとも思えないので、アントシア

おー!!
紫色ってことは……やっぱブルーベリージャムか!?
ジャム
大福
たくあん
しおから
にぼし
紫色の料理は毒物入りの可能性が大!!

[図1] なぜそんなモノを入れるのか、本人たちに問い質《ただ》してみたい

ニン以外の「紫色の物質」を調べてみると、ヨウ素、過マンガン酸カリウム、硫化クロム……、なんと毒物や劇物ばっかり！

アントシアニンの色とわかっているとき以外は、紫色の料理は食べないほうがいいということだ。われわれは本能でそれを知っているのかもしれない**【図1】**。

食べたらどうなる？

4人の料理の味は、食べた人の反応が活《い》き活《い》きと物語る。

ヨルさんの弟で、姉を慕うユーリは「うまーい♡」と笑顔を振りまきながらも激しく吐いた。ルフィも自分のカレーを食べて吐いた。嘔吐は下痢とともに、有害なものを体外に出そうとする防御反応だから、2人ともまことに健康ということだ。

心配なのは、カミラとその彼氏が、ヨルさんの料理を食べて失神したこと。失神の主な原因は、脳が打撃を受ける「脳震盪《のうしんとう》」と、脳に血液が不足する「脳貧血」。たぶん打撃は関係ないだろうから、猛烈な負担がかかった消化器に全身の血液が集中し、脳貧血に陥ったのだろう。ヨルさんの料理を立って食べるのはキケンである。

ヒドイ目に遭ったのは、『転スラ』でシオンの料理を食べたゴブタだ。全身から稲妻が走り、バッタリ倒れ、激しくのたうち回り、口から泡を吹き、緑色だった体が紫色になり、やがて動かなくなった。明らかに、「チアノーゼ」が起きている！

チアノーゼは血液中の酸素が不足して、ヘモグロビン（酸素と結びついているときは赤い）が黒くなる現象。皮膚の上からは紫色に見える。これを起こす物質は、青酸化合物、バリウム化合物（硫酸バリウムを除く）、塩素酸化合物など。自然界ではテトロドトキシン（フグやヒョウモンダコの毒）、イクシオヘモトキシン（ウナギの血液）

……シオンは何を入れたんだっ!?

その後、シオンは料理スキル「料理人《サバクモノ》」を得て、おいしい料理を作れるようになった。しかし味はおいしくなっても、見た目は変わらず、紫色の毒々しい物体のまま。ベニマルもゴブタも、シオンの料理によってスキル「毒耐性」を習得していたし、確実においしくなったのだから、もう心おきなく食べられる……かなあ。筆者だったら、死にかけた記憶が邪魔をして、口に運べない気がします。

いまこの瞬間、太陽がなくなったら、
地球はどうなってしまうのか？

ある日突然、太陽が消滅……！

そんな破滅的異変は、空想科学の世界でもめったに起こりません。起こるとしたら、ゲームの『FF7』でセフィロスが「スーパーノヴァ」で彗星をぶつけたときとか、『宇宙戦艦ヤマトⅢ』で惑星破壊ミサイルの流れ弾が太陽に命中しちゃったときとか、ウルトラマンベリアルが「超時空消滅爆弾」で宇宙そのものを破壊しようとしたときとか、『シン・ウルトラマン』でゾーフィーが太陽系ごと人類を滅却《めっきゃく》しようとしたときとか……ありゃ、意外とあるなあ。他にも、『ドラゴンボール』のセルは「太陽系すべてを吹き飛ばせる」と言っていたし、『ドラえもん』ですら「銀河はかいばくだん」を持っていた。宇宙は、予想外に物騒な様子である。

これ、実際はどうなのだろう？　太陽が爆発したり、消えてなくなったりすることはあるのだろうか？

本稿ではこの問題を考えてみたい。実は筆者も子どもの頃、夏休みの最終日に宿題が終わらないとき「太陽がなくなれば、朝が来なくなり、学校も始まらないのに！」などと思ったことがあるのだが、そんな妄想が実現してしまったら、モノスゴク怖いことになるのですよ！

太陽はスバラシイ！

太陽の中心温度は１６００万℃、圧力は２千億気圧。この超高温高圧によって、水素がヘリウムに変わるという現象が起こり続けている。それが「核融合」で、そのときに放たれるエネルギーで、太陽は燦然と輝いているのだ。

地球は、そんな太陽から１億５千万㎞も離れたところにある。しかも、大きさも太陽の１００分の１ほどだから、地球が受ける光は、太陽が放つ光のわずか22億分の１でしかない。

それだけのエネルギーで、われら地球の生物は生きている。植物は太陽の光による光合成で、二酸化炭素を吸収して酸素を放出し、養分を作り出す。草食動物はその養分を食べ、肉食動物はその草食動物を食べる。植物も動物も、死ぬと菌類（カビやキノコ）や細菌に分解されて、植物の肥料になり、気体となって大気中に戻る。

また太陽の光は、海水を蒸発させて雨を降らせ、陸地に水を行きわたらせる。雨は川となって陸地の栄養分を運び、海を豊かにする。風が起こるのも太陽があるからだし、太陽の光には有害な細菌を防ぐ紫外線も含まれるし、潮の満ち引きの３分の１を担うのも太陽の重力だ（３分の２が月の影響）。もちろん、青空も夕焼けも、虹が出るのも太陽の光のおかげ。

もう何から何まで太陽にはお世話になっているのだ。明日あたり太陽から「今後は、光熱費を払っていただきます」と請求書が来たとしても、ワタクシたちは黙って払うしかありません。

地球滅亡はいつか？

このように考えると、太陽サマには絶対になくならないでほしいが、なくなるときが来るのだろうか？　実は、太陽がなくなるのは確実視されている！

核融合が進んで中心部にヘリウムが増えてくると、太陽は膨張を始める。そして50億年後、現在の２００～３００倍も大きな赤色巨星になって、地球を飲み込んだ後、宇宙へ拡散していく……と考えられるのだ。

ってことは、50億年後には地球も滅びるの⁉　と心配になるでしょうが、いや、そんな悠長な話ではありませんぞ。恒星のまわりで水が液体でいられる領域を「ハビタブルゾーン」といい、生物はそこでしか生きられないのだが、最近の研究によれば、地球は太陽のハビタブルゾーンの端っこ（太陽に近い側）にあるらしい。そのため、いまから10億年後には地球の水はすべて蒸発して、生物は滅びてしまう……！

とはいえ、それは遠い未来の話。などと油断していいのだろうか。何らかの原因で、核融合が暴走してしまえば、太陽が爆発する可能性もゼロとはいえない。そうなったら大変だ。

太陽のような恒星が爆発することを「超新星爆発《ちょうしんせいばくはつ》」といい、これが起こると、生物を死滅させるγ《ガンマ》線が、半径5光年以内に降り注ぐ。太陽から地球までの1億5千万kmとは0・000016光年だから、絶対にアウト。いや、生物の存亡以前に、爆風で地球は木っ端微塵ですな。

すぐには暗くならない！

では、太陽がなくなったら、どうなるのか。その原因をいま予想することは難しいので、ここでは理由は問わないことにして「ある日突然、太陽がフッと消滅しちゃったら……」と考えてみよう。

その場合、すぐに地球が真っ暗になるわけではない。光は秒速30万kmで伝わるから、1億5千万kmを進むのに、500秒＝8分20秒かかる。太陽がいきなり消滅しても、その直前まで出ていた光は地球に届くから、8分20秒間は地球に光が降り注ぐのだ。地球からは、そのあいだ太陽はいつもと変わらず輝き続けているように見えるだろう。そして8分20秒後、フッとかき消えて、真っ暗になる**【図1】**。

これは、重力も同じだ。地球が太陽の周りを公転しているのは、太陽の重力のおかげだが、重力も光と同じ速度で伝わるので、8分20秒間は、太陽はもう存在しないのに、まるで太陽がまだそこにあるかのように公転し続ける。そして8分20秒後、糸が

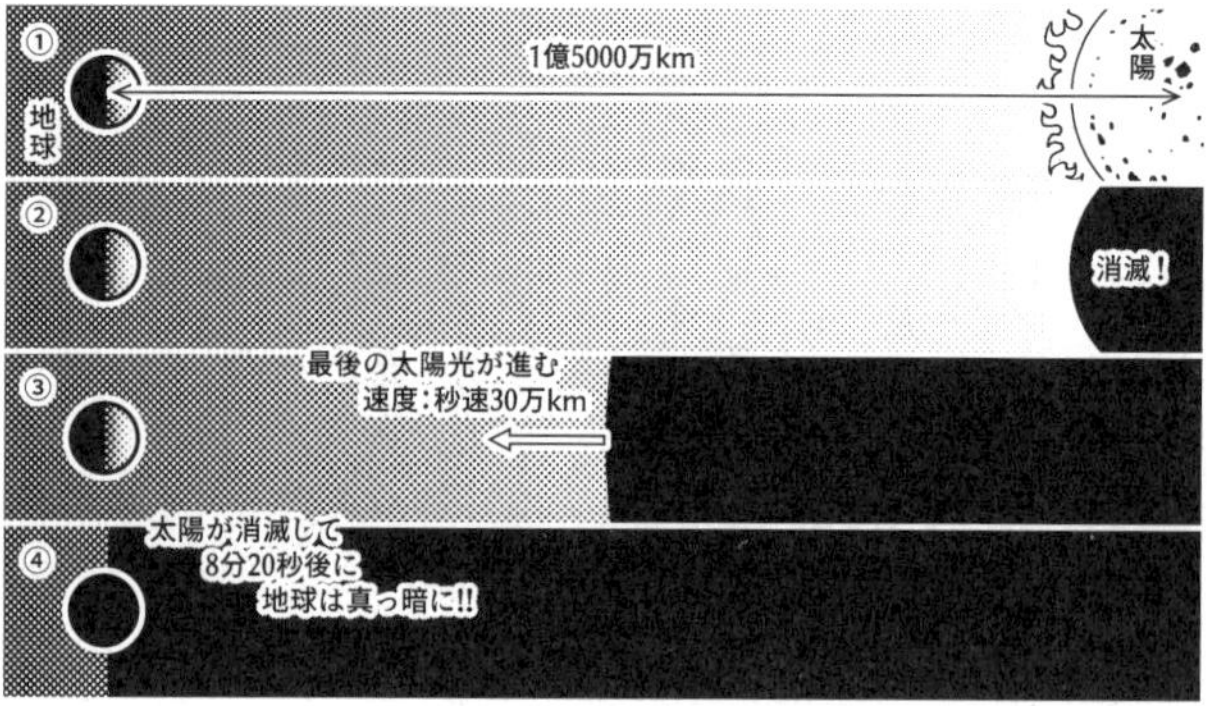

[図1] 太陽が見えなくなるのは、8分20秒後だ!

プツンと切れたみたいに、宇宙を一直線に進み始める。その速度は、秒速30㎞だ。

この瞬間から、植物は光合成ができなくなって、二酸化炭素が増え始め、もはや養分は新たに作られなくなる。生態系の循環が止まってしまうのだ。

雨も降らなくなり、陸地は砂漠化の一途をたどる。風も吹かなくなり、有害な細菌が増え、潮の満ち引きも月の影響だけになって3分の2に減る。太陽に照らされないからもうお月見もできないが、もはやそんなことを気にする人もいないでしょうなあ。

どんどんどんどん寒くなる!

そのあいだも、気温はどんどん下がり続ける。太陽が消えた瞬間の気温が20℃だったとすると、筆者の計算によれば、翌日は12℃、

2日後は6℃、3日後は0℃、1週間後はマイナス20℃。このあたりから海も川も凍り始める。1ヵ月後はマイナス78℃、1年後はマイナス179℃。これを過ぎると、空気が液体（酸素マイナス183℃、窒素マイナス196℃）になり、さらに固体（酸素マイナス218℃、窒素マイナス210℃）になって、呼吸そのものが不可能になる！

もちろん、人類はさまざまな発電の施設を持っているから、それらを駆使して、明かりを灯し、暖房をつけ、それによって植物の光合成を促し、動物を飼育し……という努力をするだろう。だが、前述のようにモノスゴイ勢いで気温は下がり、海も空気も凍っていくのだ。果たして、人間の科学力でどこまで生きるための条件を維持できるだろうか。

一刻も早く、どこかの恒星の重力に捕まえてもらって、新たな太陽のまわりをグルグル回るようになりたい！　しかし、それも難しい。前述したように地球は秒速30㎞で宇宙を進む。運よく前方に恒星があったとしても、地球がその恒星に近づくと、近づくほどその恒星の重力でスピードが上がってしまい、どばあんとぶつかるか、ぶつからなくてもその星の重力を振り切るようなすごい速度になる。その結果、恒星を回り込むカーブを描いて、やっぱり秒速30㎞で離れていく。つまり、進む向きが変わるだけで、事態は変わらない。

そもそも、地球からいちばん近い恒星（プロキシマ・ケンタウリ）でさえ4・3光年も離れている。これは秒速30万㎞の光が4・3年かかって進む距離であり、地球のスピード秒速30㎞は、光の速度の1万分の1だから、到着するのは4万3千年後なのだ。そのときまで人類は存続できておりますかなあ……。

うーむ、太陽がなくなったら、やっぱり地球の生物はオシマイなのだ。太陽がどれほどありがたいか、しみじみわかりました。

マンガやアニメのみなさんは、ホイホイ太陽を壊したりしようとせず、またわれわれ人間は宿題ができていないからといって「太陽がなくなればいいのに」などと祈ったりしないように、太陽に深く感謝いたしましょう。

『るろうに剣心』瀬田宗次郎の「縮地」は、いったいどんなスピードか⁉

スゴイこと
やってんだから
ちゃんと描いて
くださいよ〜!!
見えない
スピードだから
仕方ないで
ござるよ……

「縮地《しゅくち》」についての質問、とってもたくさんいただきます。

もちろん『るろうに剣心』のキャラや物語が魅力的なのが大きな要因だと思うが、現実の世界にも「縮地」というワザが実在するからこそ、興味が深まる面もあるだろう。「縮地」という言葉は『広辞苑』にも載っていて、それによれば「仙術《せんじゅつ》によって地脈を縮め、距離を短くすること」。また、日本の古武術にもその名前の技があり、それは「体を大きく前傾させ、重力を利用して素早く移動する」ことだという。

『るろ剣』において、この技を披露したのは瀬田宗次郎《せたそうじろう》だ。志々雄真実《ししおまこと》の配下「十本刀《じっぽんがたな》」の一人で、「縮地」を使うと、動きがあまりに速すぎて姿が見えない！

宗次郎は、幼少時に受けた虐待のせいで「喜怒哀楽」の「楽」しか残っておらず、いつも笑っている小柄な青年。だが、穏やかな見かけとは裏腹に、十本刀最強！ 剣心との戦いでも、目にも留《と》まらぬ速さで動き回り、両者が分かれたとき、宗次郎が蹴った畳が深々とえぐれていた。

剣心が「神速《しんそく》を更に超えた…超神速『縮地』…」と驚くと、宗次郎は言う。「今のは『縮地』じゃないんですよ。正確に言うと今のは『縮地』の三歩手前」。

えーっ、もっとスゴイのがあと3段階もあんの!? なんとオソロシイ……。

「目にも映らない」とは？

縮地のナゾを考えるにあたって、本稿ではマンガとアニメの両方を見ていこう。

基本的な説明をしてくれたのは、マンガではナレーション、アニメでは志々雄である。マンガ版によると「強靭な脚力で、初速からいきなり最高の速さに達する足の運びで、一瞬の内に相手の間合いを侵略する幻の体技」「常人の目には、まるで仙術の類を使い、地脈を縮め距離を短くし瞬間移動したかの如く映ることから、この名で呼ばれる」（句読点は筆者）。

おお〜、まさに『広辞苑』にあったとおりの説明ではないですか。ただし『広辞苑』には「一瞬の内に相手の間合いを侵略」や「瞬間移動したかの如く映る」などの記述がなかった。次の「第八版」では、ぜひ改訂をお願いしたい。

そのスピードは尋常ではなく、志々雄のセリフによれば、剣心の「神速」が「目にも止まらぬ速さ」なのに対して「宗次郎の超神速『縮地』は『目にも映らねェ速さ』なんだよ」だという。

「目にも止まらない速さ」と「目にも映らない速さ」。どっちがどう速いのかわからなくて、まるで禅問答みたいだが、科学的に考えれば両者の差は明らかである。

「目にも止まらない」は「見えてはいるが、詳細を把握できない」であろう。あなたも経験があると思うが「いま視野の端で何かが動いた」という見え方がある。人間は、視野の中央がもっとも視力がよく、視野の端で見えたものは、ハッキリと把握できないのだ。

　だから速く動くものを見るとき、ヒトは眼球を動かして対象を視野の中央に置こうとする。「衝動性《しょうどうせい》眼球《がんきゅう》運動《うんどう》」という動きで、その最大速度には個人差があるが、0・1秒に40～70度といわれる。つまり、これより速く動くものには、眼球の運動が追いつかず、人間はそれを感知することすらできない。それこそが「目にも映らない」ということだと思われる。

特急電車よりはるかに速い!

では、それは具体的にどれほどの速度なのか。ここでは「40～70度」の中間地を採り、「縮地の三歩手前」が「視野55度の領域を、0・1秒で通りすぎる」スピードだと仮定しよう。

　宗次郎が剣心の前方5mを走り抜けるとき、視線に対して垂直で、左右合わせて55度になる距離とは5・2m。これを0・1秒で通過するスピードとは、秒速52m＝時速187㎞。在来線の特急電車のスピードが時速130㎞くらいだから、それよりはるかに速い。100m走のタイムは、なんと1秒92だ【図1】!

　ここで、前述のナレーション&志々雄の説明を思い出してもらいたい。彼らは「強

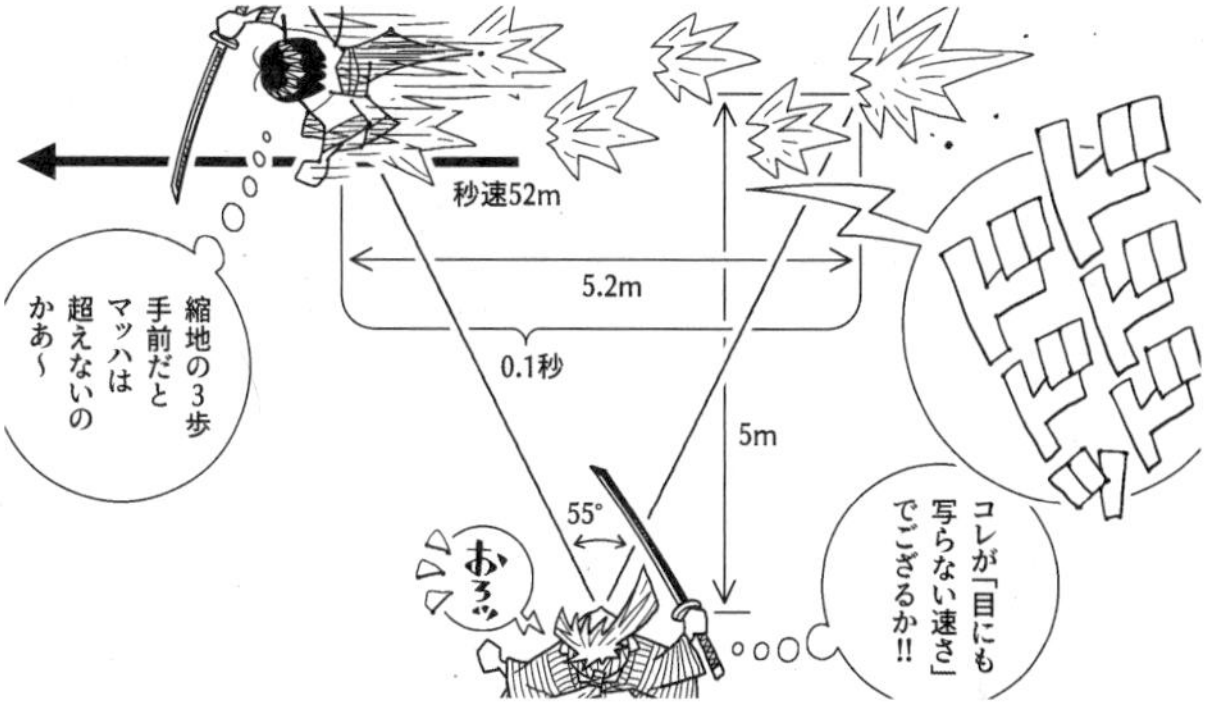
秒速52m
5.2m
0.1秒
5m
55°
縮地の3歩手前だとマッハは超えないのかあ〜
おろッ
コレが「目にも写らない速さ」でござるか!!

[図1] 眼球の運動より速く移動すれば、目には写らないだろう

靱な脚力で、初速からいきなり最高の速さに達する」と言っていた。つまり、いきなり時速187㎞に！

これはモノスゴイことである。ウサイン・ボルトでさえ100m走の世界記録9秒58を樹立したレースで、秒速10mに達するのに10歩を要した。宗次郎は、その5・2倍の速度に、たった1歩で到達するのだ。身長163㎝、体重51㎏の宗次郎が、たとえば「最初の一歩で1m移動する」としたら、その脚力は7t！　そりゃあ、畳もえぐれますなあ。科学的にしみじみナットクだ。

すごすぎる「縮地一歩手前」の動き

すごいすごいと騒いでいるが、これですら縮地の三歩手前である。

「二歩手前」では、畳を蹴る音もそれまで

「ドドドド」だったのが「ギャギャギャギャギャ」と破壊的になり、剣心は飛天御剣流《ひてんみつるぎりゅう》「九頭龍閃《くずりゅうせん》」を出したにもかかわらず、背後に回り込まれて、背中を切られてしまった。九頭龍閃は飛天御剣流の神速を最大に発動して、相手の全身の9ヵ所を同時に突く技。師の比古《ひこ》清十郎は「突進術でもある故 回避し切る事も絶対不可能」と言っていたのに、宗次郎はその絶対不可能を可能にしてしまったのだ。

「一歩手前」になると、畳ばかりか壁や天井も蹴って跳び回る。もはや『広辞苑』の説明文とは何の接点もないです。剣心も「横方向だけでなく、縦も絡めた全方位空間攻撃!!」と驚いていた。

　マンガでは、立ち尽くす剣心の周囲に、宗次郎が蹴った跡が15も描かれている。剣心の目にそのように見えていたと考えて、それが「残像」によるものだとしたらどうなるか。人間の目に残像が残る時間は0・1秒といわれるから、宗次郎は、床、壁、天井を、わずか0・1秒で15回も蹴ったことになる。蹴ってから次に蹴るまでの移動距離を平均3ｍとすると、宗次郎の全移動距離は3×14（最初の1歩を蹴ってから、最後の15歩目を蹴るまでに、14回移動する）＝42ｍ。

　これを0・1秒で成し遂げた場合、速度は秒速420ｍ＝時速1510㎞＝マッハ1・2！　人間の足で音速を超えた!?　その場合、100ｍ走のタイムは0秒24になりますが〜〜〜。

見えないけど痩せていく

ここまですごいと、やるほうも大変ではないだろうか。剣心の目には一瞬のできごとだが、宗次郎本人はその間もモーレツに動き回っているのだ。

しかも宗次郎は、かなり長いあいだ跳び続けた。アニメの画面で計ると、トータルで54秒間！　前述のように0・1秒で15回だとしたら、54秒では8100回も蹴り回ることになる。1回のジャンプで3m移動するなら、合計2万4300m＝24・3㎞も移動！　もうビックリだ！

こんなに激しい運動をしたら、かなりのエネルギーを消費するだろう。スピードと体重から計算すると、1回の蹴りで消費するエネルギーは1万キロカロリー。成人男性が1日に必要とするエネルギー（2500キロカロリー）の4倍を、たった1回のジャンプで消費している。すると8100回で8100万キロカロリー。コンビニなどで売っている120gのおにぎり（215キロカロリー）にして、37万8千個分というものすごさである。

もちろん、宗次郎は何か食べながら跳んだわけではないから、そのエネルギーは自分の体脂肪から絞り出すしかないだろう。8100万キロカロリーとは、体重51㎏の宗次郎が160万㎞を走ったときに消費するエネルギーだ。地球40周分であり、消費する体脂肪は9t。宗次郎は跳び回りながら、みるみる痩せていったはずである。「目にも映らない」のがまことに残念だ。

妙なことを残念がっておる場合ではない。最後に出した「正真正銘の縮地」はどうなのか？　宗次郎が「瞬天殺《しゅんてんさつ》」と呼ぶこの抜刀術に、剣心も神速を超える超神速の抜刀術、飛天御剣流奥義「天翔龍閃《あまかけるりゅうのひらめき》」で応ずる。両者構えた状態から、宗次郎は「行きます」と言って消える！　剣心も消える！　何がなんだかまったくわかりません！

すごすぎて実態が不明な縮地「瞬天殺」。実在の「縮地」と関係あるのかどうか、筆者の力では検証すらできないが、恐るべきワザであることだけは確かである。

『葬送のフリーレン』の主人公はエルフ。寿命はどれくらいなんだろう？

老けただけでなく小さくなってる……!?
オシャレで
キミは変わらんどころか魔法使いに見えんのぉ

驚くべきことに『葬送《そうそう》のフリーレン』は、勇者たちが魔王を倒し、10年の旅から帰ってきたところから始まる。

一行のメンバーは、勇者ヒンメル、戦士アイゼン、僧侶ハイター、そして魔法使いフリーレンの4人。ヒンメルが「僕たちの冒険はこれで終わりだ」とパーティーの解散を告げ、「楽しかったよ。僕は君たちと冒険ができてよかった」と礼を言うと、フリーレンが「短い間だったけどね」と答える。ヒンメルは「短い？　何を言っているんだ？　10年だぞ？」。

そう、フリーレンは時間の感覚がヒンメルとは違っていた。見た目は人間の少女のようなフリーレンだが、彼女はエルフなのだ。エルフはとても長命な生き物で、ヒンメルたちも彼女がどれほど前から生きているのかを知らない。フリーレンも詳しく話さなかったようで、彼女が「100年くらいは中央諸国を巡る」と去っていくのを見送りながら、ヒンメルとハイターは「50年も100年も彼女にとっては些細なものなのかもしれないね」とつぶやくのだった。

――そんな4人が再会したのは、それから50年後。勇者ヒンメルはすっかり禿《は》げ上《あ》がった老人になっていた。変わらないのはフリーレンだけで、アイゼンもハイターも年老いていた。４人は短い旅をするが、その後しばらくしてヒンメルは亡くなってしまう。彼の葬儀のとき、フリーレンは「たった10年一緒に旅しただけだし…」と平静を装おうとしたが、気づくと大粒の涙を流していた。

自分と違って、人間の寿命は短い。それゆえに人間とは深く関わろうとしなかったフリーレンだが、このとき初めて「…人間の寿命は短いってわかってたのに…」「…なんでもっと知ろうと思わなかったんだろう…」と後悔する。そして、人間を知るための旅に出る。事件に遭遇し、人の言葉を聞くたびに、彼女はヒンメルのことを思い出しながら、死者と話せる「天国」のある土地をめざす。

こんなふうに、『葬送のフリーレン』はとても優しい物語だ。

フリーレンは何歳だろう？

エルフのフリーレンの寿命は、いったいどのくらいなのだろうか？

彼女の旅が本格的に始まるのは、勇者ヒンメルの死から26年後のことであり、その時点で魔王退治の旅が終わってから76年も経っていたことになる。だが、フリーレンの容姿はまったく変わらず、いつまでも少女のままだ。

花を探すために同じ村に半年滞在したり、ホテルに入って「10年泊まりたいから仕事紹介して」と言ってみたり……と、彼女のなかで、時間はとてもゆっくり流れているようだ。

一方で、おいしいレストランがあると、驚くほどの量を食いだめしようとする。「また来ればいい」と思っているうちに、店のシェフが亡くなってしまい、「二度と食べられなくなった味が沢山あるから」だという。

またフリーレンは「最後に同族と会ったのも400年以上前」と言い、ヒンメルがパーティーに誘ったときは「もう五百年以上魔族との実戦はやってない」と断ろうとした。極めつけは、コミックス第1巻の「フリーレンが師匠のフランメといっしょに木を植えている」回想シーンで、なんとそれが千年前……！

このフランメという師匠は人間の魔法使いで、もうとっくに亡くなっており、それどころか戦士アイゼンに「人類の魔法の開祖。フランメ自体がおとぎ話のようなものだ」と言われていた。おとぎ話のような人といっしょに木を植えたヒトが、いまでも少女。驚くべき話である。

そんなフリーレンは、千年にわたって魔法の鍛錬を続けてきた。断頭台のアウラ（魔族）との戦いでは、アウラが「私は五百年以上生きた大魔族だ」と威圧してきたのに対して、「アウラ、お前の前にいるのは、千年以上生きた魔法使いだ」と軽く返して、一蹴《いっしゅう》。フランメの師匠のゼーリエ（エルフなので存命）も、フリーレンを「最後の大魔法使い」と認め、魔族たちは「歴史上で最も多くの魔族を葬った魔法使い」

「葬送のフリーレン」と恐れている。

魔法と科学は似ている

筆者がとても面白いと思うのは、この作品における「魔法」の扱いだ。

950年前、フランメの働きかけで、皇帝が国を挙げた魔法の研究を認可した。それまで魔法は魔族の技術であるとして、表立った研究は禁忌《きんき》とされていたのだ。これをきっかけに「誰でも魔法が使える時代」が到来し、「見た者を拘束する魔法《ソルガニール》」「大地を操る魔法《バルグラント》」「破滅の雷を放つ魔法《ジュドラジルム》」といった戦闘魔法も作られたが、一方で「温かいお茶が出てくる魔法」「カビを消滅させる魔法」「花畑を出す魔法」など、生活で役立つ民間魔法も生まれたという。

この民間魔法を「現実の科学」に重ねてみると、非常にしっくりくる。たとえば『フリーレン』の世界には、「かき氷を作る魔法」はあるが、「シロップを出す魔法」はないという。現実の科学でも、かき氷を作ることと、シロップを出すことは、まったく別の技術だから、深々とナットクするではないか。また「銅像の錆をきれいに取る魔法」では、石像はきれいにできないらしいが、銅は金属、石は非金属だから、これも当然だ。

つまり魔法は万能のモノではなく、ある現象を起こすには、それぞれ専用の魔法が現代に生きていたら、彼女はスバラシイ科学者になったに違いない。

かないのだろう。フリーレンは、それを千年にわたって続けてきた……ということだ。

必要なのだ。ということは科学技術と同じで、体系づけながら一つ一つ積み上げるし

エルフにとって人間の一生とは？

それにしても、千年とは長い。

この原稿を書いている2023年から遡《さかのぼ》ると、千年前とは西暦1023年。日本では藤原道長が「この世をばわが世とぞ思ふ」と栄華を誇り、『源氏物語』や『枕草子』が完成した頃。ヨーロッパでは神聖ローマ帝国が興《おこ》り、イギリスにはまだ国家と呼べる体制はなかった時代。そんな昔から今日まで魔法の鍛錬を続けてきた……というのだから。

作中の描写では、初めてフランメに会ったときのフリーレンは、10歳ほどにも見える。ヒンメルたちと旅をしていた頃から現在までの姿は、15歳くらいだろうか。この場合、フリーレンは、外見が5歳分成長するのに千年かかったことになる。ここから考えると、成長にかかる時間は人間の200倍！　すると、いま15歳に見えるフリーレンの生まれは3千年前！　彼女が、人間で100歳に相当するまで生きるとするならば、エルフの寿命は2万年……！

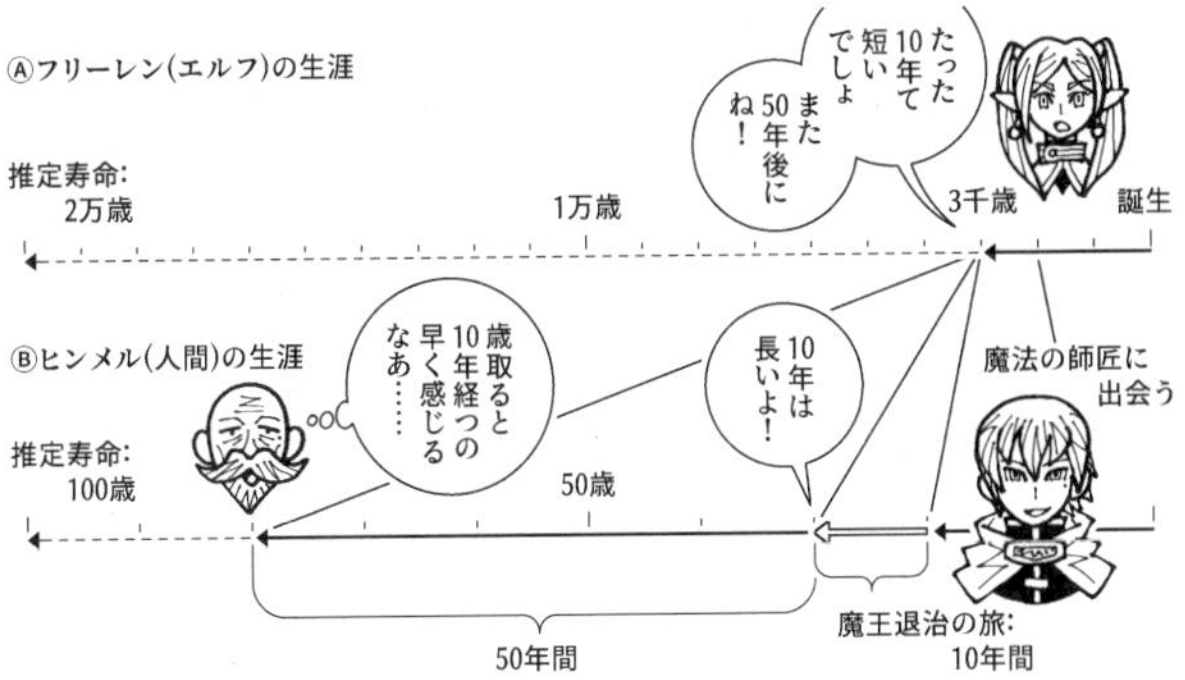

[図1] 時間の間隔が200倍も違うと、こうなってしまう……

オソロシイほど長寿だが、逆にエルフからすれば、人間は自分の200分の1の時間で一生を駆け抜けてしまうわけである。人間から見たら半年で死ぬようなもので、そういう哺乳類はなかなかいない。短命といわれるネズミやハムスターも、1～2年は生きる。フリーレンが一人旅をしようとしているとき、戦士アイゼンに「弟子を取ったりはしないのか？　旅は話し相手がいたほうがいい」と言われたのに対して、彼女は「時間の無駄だからね。色々教えてもすぐ死んじゃうでしょ」と答えていたが、実感としては本当にそうなのかも。

時間感覚が200倍違うとしたら、フリーレンにとって、人間の1日は7分弱、1年は2日弱に感じられるだろう。ヒンメルとの10年の旅も、フリーレンの感覚では「18日とちょっと」でしかない。なるほど、確かに「短い間」だ。ここまで時間感覚が違う人間と、よくぞいっしょに戦ったものである【図1】。

しかも、2万年というこの妄想的推測すら、エルフの実像には追いつかないかもしれない。ゼーリエがなんと「私たちの時間は永遠に近い」と言っているのだ。ひょっとしたら、10億年後といわれる地球滅亡も、50億年後と予測される太陽の膨張と消滅も、フリーレンはその目でしっかり見届けるのかも……。

さまざまな想像が湧くエルフの長寿であり、具体的に考えれば考えるほど、ちょっと切なくもなってくる。

『進撃の巨人』巨人の「地鳴らし」は、本当に世界を滅ぼすのだろうか？

2021年に11年半の連載が完結した『進撃の巨人』は、すごいマンガであった。

筆者が初めてこの作品を検証したのは、連載が始まって1年経った頃。「驚くようなマンガがある！」と教えてもらい、当時3巻まで出ていたコミックスを読んで、もう本当に驚いた。巨人の絵がなんとも不気味で、人がどんどん食べられていって、怖くてたまらん。だけど、話はとっても面白くて、怖いのに読んでしまう。

そこで、コミックス3巻までの描写をもとに「巨人はどれほど強いのか」という原稿を書いたのだが、科学的に考えれば考えるほど、巨人はめちゃくちゃ強いことがわかってきて、さらにコワくなってしまった。

それから3年経った14年、講談社からお話をいただいて『進撃の巨人 空想科学読本』という本を出した。その原稿を書いたのはコミックスが8巻までしか出ていなかったときで、巨人の正体などの核心部分の謎はほとんど不明のまま。本1冊分検証すると、ますますコワくなった。ちなみに、その本では「巨人はなぜ人間を食べるのか」「なぜ南から来るのか」「なぜ知能を持つ巨人がいるのか」などについて、筆者の想像をいっぱい開陳《かいちん》したのだが、見事にすべて外れました。いまとなっては、そんな珍本を書いてしまった自分がコワイ……。

だが、作品が「巨人の恐ろしさ」を軸に展開するのは、物語の前半まで。中盤以降、物語は劇的に広がっていった。この『進撃の巨人』の世界観が明かされていく過程は、本当にすごい。それまでナゾに満ちていた、前述のような秘密が次々と明らかになり、それによって主人公たちの立場も変わる。弱者が強者になったりする。巨人の存在理由が判明したときなど、筆者は「ぎゃっ」と叫んで椅子から転げ落ちたりした。

「巨人の地鳴らし」とは何か?

さて、本稿で考えたい題材は「巨人の地鳴らし」である。『進撃の巨人』の最終盤は、これをめぐるスリリングな攻防が軸であり、また科学的にもまことに興味深い現象であった。

ただし、これに関する状況を具体的に説明すると、どうしてもネタばれになってしまう。もう完結から2年経っているけど、本書の読者のなかにも「これから読もう」と思っている人がいらっしゃるような気がする。ここがどんでん返しのある物語を題材にするときの難しいところで、うーん、どこまで書いていいものか……。

と、だいぶ悩んだ末に、全体状況には触れないようにするけど、壁と巨人の関係だけは説明させてもらうこととしたい。そこを書かないと、どうしても検証できないからだ。「無垢《むく》なココロでこれから読む」という人は、申し訳ないけど、ここから先は読まないでくださいませ〜。

——というわけで、だいぶ読者も減りましたね。ここからは壁のことは遠慮なく書きますぞ。

人間を食べる巨人がウヨウヨいる世界で、主人公のエレンたちは、三重の壁に守られて暮らしていた。いちばん外側の壁がウォール・マリア、二番目がウォール・ローゼ、いちばん内側がウォール・シーナで、それぞれの壁の高さは50ｍほどもある。

そして、アニメ第1話の「現在公開可能な情報」などを元に筆者が計算したところ、これら三つの壁の総延長は７６００㎞。なんと日本列島（宗谷岬から与那国島《よなぐにじま》まで２９００㎞）の2・6倍も長く、東京からまっすぐ南に伸ばすとオーストラリアに達するほどの距離なのだ。巨人の脅威から逃れるために、人類は必死で長大な壁を建設したんですなあ。

という感想を抱いていたのは、初期の頃。コミックス第8巻のあたりで、壁のなかには巨人が埋まっていることが判明する！　巨人の生態を研究するハンジ・ゾエ分隊長も「アレは…たまたまあそこだけにいたの……？　もしそうじゃなきゃ壁の中すべてに巨人がぎっしり？」「壁の中すべてに巨人が……？」と推測していたが、その怖い推測は当たっていて、壁には巨人がぎっしり埋まっていた！　作中の言葉によれば、その数は「幾千万」。ぬえ〜〜〜っ。

そして、これら壁のなかの巨人をすべて目覚めさせ、彼らが一斉に行進することで、世界を踏み潰そうという計画が「巨人の地鳴らし」なのである！

ぬおっ、時速100㎞で進撃!?

たくさんの巨人が歩き回って、世界を更地にする。巨人が実在したら、本当にできることなのだろうか？　作中のある人物は「人々はもちろん あらゆる都市や文明 大型の動植物は 生態系ごと踏み潰され 文字通りすべては平らな地表と化す」と言っていたが……。

その脅威は、①巨人たちの体格、②人数、③速度によるだろう。

巨人たちは、頭が小さかったり、足が長かったり……と体格がバラエティに富んでいるが、ここでは「体重は人間が巨大化した場合に近い」と考えよう。壁のなかの巨人は、身長が壁と同じくらいだったので、身長50ｍと仮定し、20代男性の平均体格（身長172㎝、体重67㎏）から計算すると、その体重は1650ｔ。アフリカゾウが7・5ｔだから、その220倍だ。

また、巨人の人数についてエレンは「幾千万」と言っていたが、これは「数千万」という意味でなく「数が多い」という意味だと受け取りたい。実際にどれほどいるのか、前述の壁の総延長から考えよう。マンガのコマで測ると、巨人たちの肩幅は12ｍ。

この体格で一列に隙間を空けずに並んでいたとすると、７６００㎞の壁のなかに入る巨人は合計63万体！　身長50ｍのヤツがそんなに!?

そして、歩く速度。巨人の身長は人間の29倍であり、この体格なら、計算上は人間の5・4倍のスピードで歩くと考えられる。人間の歩行速度は時速４㎞だから、彼らは時速21・６㎞。

というのは甘いヨミであり、ハンジ・ゾエは「進行速度は馬の駆け足よりも速いぐらいだった」と言っている。マンガの「現在公開可能な情報 10」によれば、調査兵団の馬は「トップスピードは時速75〜80㎞」とあり、さらにハンジは「半日もあれば巨人が上陸した海岸からおよそ６００㎞は…被害に…」とも言っていて、「半日」を６時間とすれば、時速１００㎞！　巨人の歩行スピードは、予想外に速いのだ。オソロシや！

世界はたちまち滅び去る！

体重１６５０ｔが時速１００㎞で歩くと、１歩踏んだだけで、爆薬5・９kg＝ダイナマイト30本分の破壊力になる。人間の歩幅を60㎝として計算すれば、巨人の歩幅は17・４ｍで、これで時速１００㎞なら、１歩あたり０・６３秒。１分も歩けば、地面を96回も踏むのだ。

　そんなデカいヒトビトが63万人、勢ぞろいしてやってくる。彼らが1分間に地面を揺らすエネルギーを地震に換算すると、なんとマグニチュード6・9！　巨人が歩いているあいだ、その揺れが起こり続ける！

　普通「地ならし」は「地均し」と書き、地面を平らにすることを指す。でも『進撃の巨人』ではあえて「地鳴らし」と表記してあって、それは大変な地鳴りがするからに他なるまい。計算すると、本当に怖い。地面を踏むエネルギーの1％が音に変わると仮定すると、巨人の隊列から千㎞離れたところ（東京－鹿児島間くらい）でも、地下鉄の車内と同じ100dB（デシベル）の轟音が聞こえる。10㎞離れた地点だと、ジェット機のエンジン音を間近で聞くくらいの120dB、1㎞となると人間の聴力限界（失神してしまう）の130dB。むえええええっ。

　これで全世界を突き進むと、いったいどうなるのか？

　巨人たちは、肩幅ほどの間隔で左右に展開し、前後に10体ほどが並んでいた。この隊列なら、左右には6万3千体が並ぶことになり、端から端まで152万m＝1520㎞（青森－鹿児島くらい）の幅で大進撃。これが時速100㎞で進むのだから、1時間に15万2千㎢、北海道（8万3424㎢）の1・8倍の面積が更地《さらち》になっていく。そして、『進撃』の世界の陸地がわれわれの地球と同じ1億5336万㎢なら、全陸地は1009時間＝42日で更地に……【図1】！

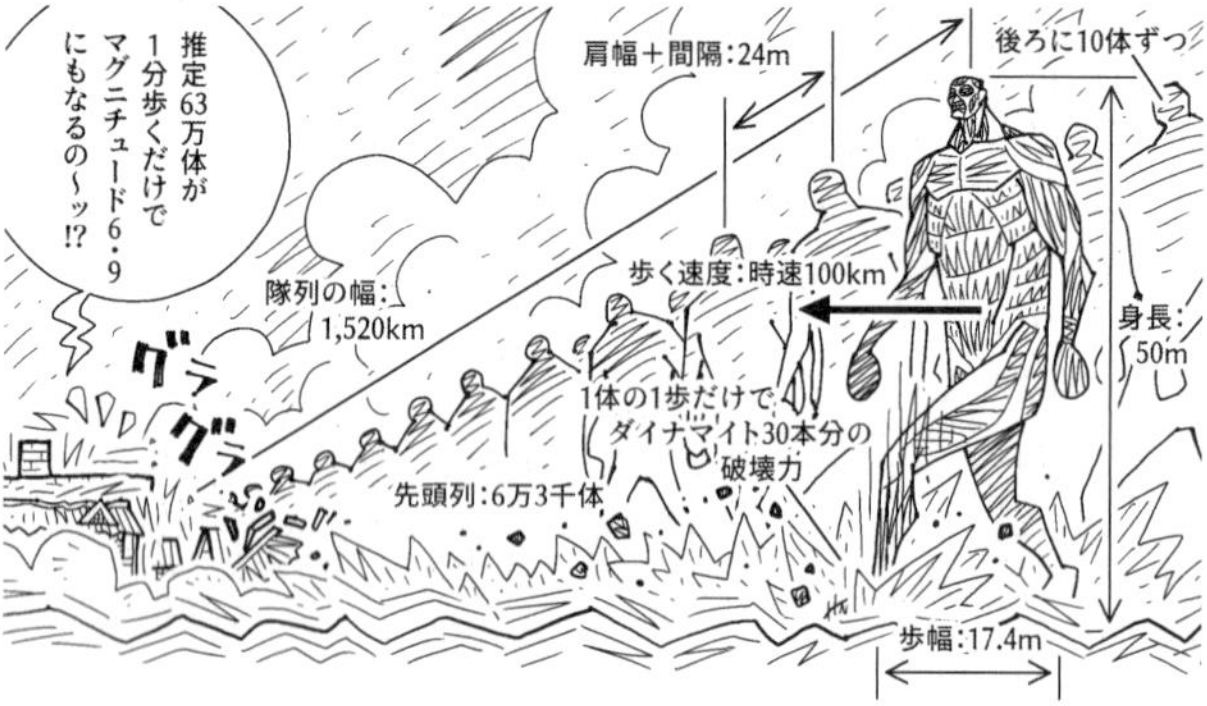

[図1] 巨人がこんなふうに行進してきたら、世界はたちまち滅びてしまう

ハンジは「すべての大陸を踏み潰すまでには4日…掛かるだろう」と言っていたが、巨人が63万人よりも多ければ充分可能だし、筆者計算の63万人でも、横一列に並べば4・2日で更地化は完遂《かんすい》される！ 怖すぎる！ やっぱりめちゃくちゃ怖いぞ『進撃の巨人』。

そして、そんな凄絶な物語が、あんな心に染み入る終わりを迎えるとは……。21世紀を代表するマンガの一つとして、いつまでも読み継がれることだろう。

都市伝説の「口裂け女」や「人面犬」。
出会ってしまったらどうするか？

筆者は科学を志す人間だから、お化けや幽霊など、まったく信じていない。科学的に説明のつかない不思議な存在など、この世にあるわけがないのだ。ええ、信じませんとも。絶対に信じるものかッ！

などと熱弁を振るえば振るうほど、まわりの人には「怪しいなあ。実はモノスゴク信じてるんじゃないの？」と言われてしまうのだ。う〜ん、なぜわかってもらえないのだろう。お化けも幽霊もいない。いるはずがない。だが、科学的に存在するはずのないものが、もし現実に出てきちゃったら……。うわっ、書いてるだけで鳥肌が立ってきた。やっぱりオソロシか〜。

というわけで、本当にいるわけはないんだけど、本稿では、巷《ちまた》で耳にする不思議な存在たちについて考えてみよう。いるわけないんですけどね、絶対に。

「トイレの花子さん」の空想科学

学校の3階にあるトイレ。いちばん手前の個室から順に、扉を3回ノックして「花子さん、遊びましょ」と声をかけていく。すると3巡めで、手前から3番目の個室から「……はい」とかすかな声で返事が戻ってくる。恐るおそる扉を開けると、そこに

［図1］トイレの数だけ、花子さんはいるに違いない……

はおかっぱ頭で、赤いスカートをはいた女の子がいて、ニタッと笑ってあなたの手をガッとつかみ……！

ひ〜っ、背筋が凍結しそうな話である。何もかも3づくしというのが、なんとも恐ろしい。これが、1階のトイレの手前から1番目の個室を1回ノックしたら「はいよっ」と威勢よく出現！　だと、あんまり怖くないような気が……。いやいや、数字の3が続くから怖いなど、科学的には何の根拠もない話。そもそも花子さんなんて、いるわけないんだってば！

しかし、もしいるとしたら、どういうことになるのだろう？　全国に広がっている怪談話だから、花子さんはどこの学校にも現れる可能性があるのだろう。2020年のデータでは、わが国の小学校数は1万9161校。

1つの学校に、3階のトイレが2つずつあるとしたら、花子さんは少なくとも3万8322人いて、全国津々浦々の3階のトイレでそれぞれ息を潜めている【図1】!? 花子さんが全員集合すれば、福岡PayPay《ペイペイ》ドーム（収容人員4万人）を埋め尽くす花子さん花子さん花子さん花子さん花子さん花子さん花子さん花子さん……。わ〜、この想像もオソロシか〜。

う〜ん、考えれば考えるほど、どんどん怖くなるなあ、花子さん。いないはずなのに、なぜ!?

「人面犬」の空想科学

路地裏のごみ置き場をあさっている犬。よく見ると、その顔はまぎれもなく人間だ！ それに気がつき、呆然とする者に向かって、人面犬は無愛想につぶやく。「ほっといてくれ」と……。

これは、怖いというより、科学的にまことに興味深い犬である。人面犬は「人間の顔をした犬」であって「犬の体をした人間」ではないから、あくまでもイヌの突然変異なのだろう。

しかし、人面犬にとって、突然変異したのが顔だったことは、最大の不幸ではあるまいか。彼の一族が誇りとしてきた嗅覚が、人間並みに低下してしまっただろうから。

イヌの嗅覚はヒトの1億倍という説さえあるのに、なんと1億分の1に大低下！ あまりの凋落《ちょうらく》である。

これでは、オシッコのにおいで他の犬の縄張りを察知し、みだりに立ち入らないという、社会人……いや、社会犬としての基本マナーが守れない！

当然、他の犬としばしばケンカになるだろう。しかし、犬の牙vs人間の歯では、人面犬に勝ち目はない。もはや、野生動物として生きていくことは困難である。

唯一残された道は、人間に飼ってもらうこと。ところが、前述したように、人面犬は人間に対して「ほっといてくれ」と言ったり、カップルを揶揄《やゆ》したりするなど、あまり態度がよろしくないらしい。生活のことを考えるなら、もっと愛想よくしたほうがいいんじゃないかなー。

生きるだけで苦労する人面犬。もしあなたが遭遇したら、優しくしてあげよう。

「口裂け女」の空想科学

もっとも有名な都市伝説が、この口裂け女だろう。

1人で道を歩いていると、向こうからマスクをかけたお姉さんが歩いてくる。いきなり「私きれい？」と尋ねるので、思わず「はい」と答えると、お姉さんはマスクを外しながら「これでも～!?」。その口は、耳まで裂けていた……！

こ、これは怖い。とくに２０２０年以降、新型コロナウィルスの感染防止のために、街にはマスクをした人がとても増えたので、ますます怖いことになった。いつどこで突然「私、きれい?」と聞かれるか、まったく予断を許さないのだ。マスク姿の女性を見るたびに「ひょっとしたら、口裂け女では?」などと疑い始めたら、もうキリがありません。

口裂け女に対しては「私、きれい?」と聞かれたときに、「きれいじゃない」とか「普通ですね」と答えればいい、という説がある。いや、それはあなた、女ゴコロというものを全然わかってない人の甘っちょろい考えでしょう。女性が「私、きれい?」と聞いてきたとき、それは単に感想を知りたいのではなく、とくに男子には「はい。とてもきれいです」と答える以外に選択肢はない。そうじゃないと、相手が口裂け女じゃなくても、間違いなくボコボコにされます。

また「ポマード」と3回唱えたり、ベッコウアメを渡したりして、そのあいだに逃げるのが有効、ともいわれているらしい。しかし、口裂け女から逃げることが、そう簡単にできるのか。

口裂け女の身体能力はモーレツにすごくて、１００mをたったの3秒で走るという! これはあなた、時速１２０kmですぞ! 速い! 仮に筆者がベッコウアメやポマードで口裂け女の出足を5秒遅らせ、人生自己ベストの50m走7秒０の速度で逃げ

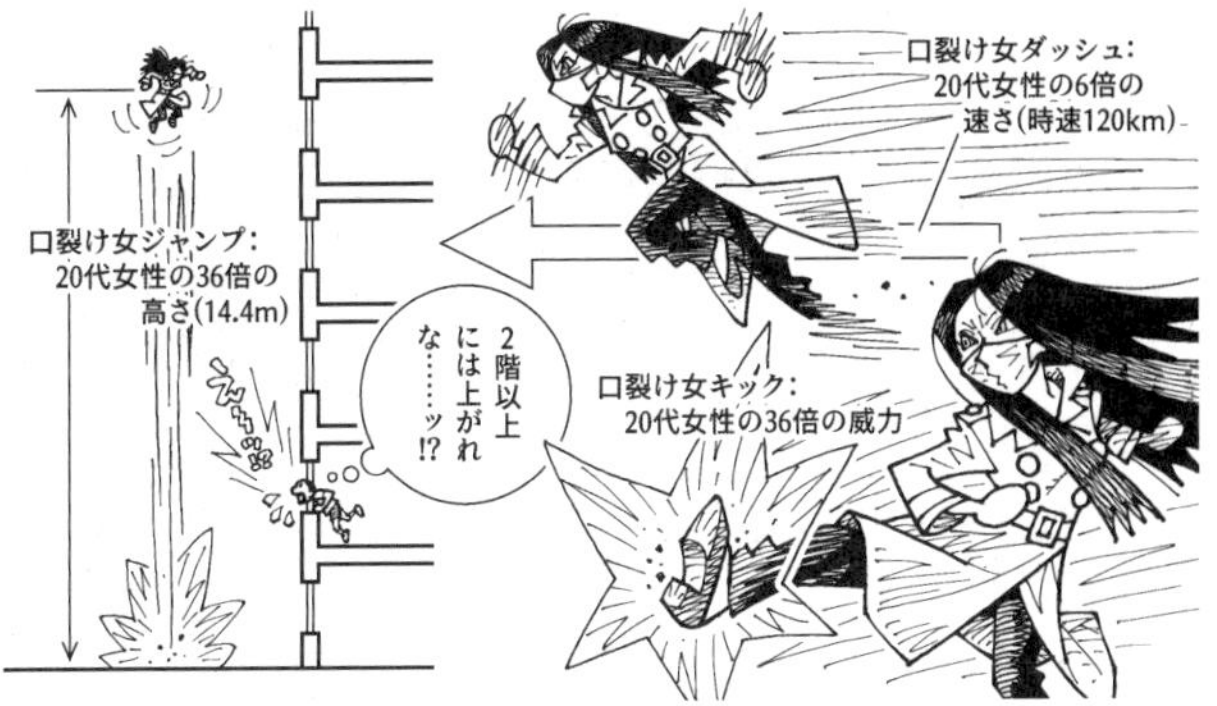

［図2］口裂け女はめっちゃ強い！　めっちゃコワイ！

たとしても、口裂け女がダッシュをかけた1・4秒後には追いつかれてしまうのだ。もっひ〜っ！

ならばヤブレカブレで、踏みとどまって戦うべきか。しかし20代の女性50m走のタイムは9秒ぐらいで、口裂け女はその6倍も速い。速度が6倍なら、脚力は6×6＝36倍という計算になる。蹴りのチカラとかもすごそうで、もう絶対に負ける自信があります。

また、「口裂け女は2階以上に上がれない」という説もあるようだが、科学的にはとうてい信じがたい。脚力が36倍なら、ジャンプ力も36倍になるはずだからだ。20代女性の垂直跳びの平均は40cmだから、その36倍となると、口裂け女の跳躍力は14・4m。5階の窓まで、ひとっ跳び！　人を襲ったりしないで、ぜひともオリンピックを目指していただきたい

【図2】!

結論。口裂け女に出会ってしまったら、打つ手はない。唯一助かる道があるとしたら、最初に「私、きれい?」と聞かれた瞬間だ。イチかバチかで「マスクをかけた姿が、ものすごくきれいです!」と言って、先方の反応を待つ……とか? その後どういう展開になるか、筆者は一切責任を負えませんが。

『鬼滅の刃』甘露寺蜜璃は筋肉密度が人の8倍もある。どれほど強いの？

ホントに……
自分の体を
斬らないように
気をつけないと
ねえ～!!

『鬼滅の刃 刀鍛冶の里編』で、とても印象的な活躍を見せたのが甘露寺蜜璃《かんろじみつり》だ。個性的な面々が集う鬼殺隊においても、このヒトの個性は際立っている！ 主戦力の柱の一人でありながら、隊に入った理由が「添い遂げる殿方を見つけるためなの!!」だという。

実際、いろいろな男子を見るたびに頬を赤らめ、胸をキュンキュンさせる。伊黒小芭内《いぐろおばない》が攻撃的な発言をすると「伊黒さん 相変わらずネチネチして蛇みたい しつこくて素敵」と思い、冨岡義勇《とみおかぎゆう》が無言でいるだけで「冨岡さん 離れた所に一人ぼっち可愛い」と感じる。誰に対しても、評価があまりにもポジティブである。このヒトはきっと筆者のことも「柳田さん また原稿が遅れて ダメっぷりがまぶしい」と高く評価してくれるのではないかな。（←妄想）

鬼殺隊の柱たちはそれぞれ特殊な呼吸法を身につけているが、彼女のそれは「恋の呼吸」だという。どういうものか、恋愛に疎い筆者には全然わかりません。以前、煉獄杏寿郎《れんごくきょうじゅろう》が面倒を見ていたらしいが、煉獄さんのことだから、的確で前向きな指導をされたのであろう。作中、蜜璃は「恋の呼吸 壱ノ型 初恋のわななき」で鬼を切り刻み、「恋の呼吸 参ノ型 恋猫しぐれ」で鬼の攻撃をハネ返していた。

そんな甘露寺蜜璃は、科学的にもまことに興味深い人である。本稿では、彼女の謎に迫ってみたい。

桜色＋緑色の髪のヒミツ

蜜璃の容姿で目を引くのは、髪の毛の色だ。生え際から途中まで桜色で、途中から先まで緑色。珍しい染め方をしたものだなあと思っていたら、コミックス第6巻のおまけページに「蜜璃ちゃんは大好物の桜餅を食べすぎて、髪の色が変わったらしいよ」と説明されていた。ほう、そうだったのか〜。

などと納得していいのか⁉　日本人の髪の毛が黒いのは、毛根で細胞が分裂する際に、メラニンが加えられるからだ。一方、桜の葉の緑はクロロフィル（葉緑素）の色で、花びらの桜色は植物色素アントシアニンの色（大正時代の桜餅は、オオシマザクラの花びらで染められていた）。桜餅の食べすぎで髪が緑色や桜色になったとすると、これらの植物色素が消化されることなく、メラニンを押しのけて髪の毛に行き渡ったのだろう。うーむ、にわかには信じがたい。でも蜜璃は、筆者には理解できない「恋の呼吸」を会得しているからなあ……。

そうだとしても、緑色↓桜色と変化したからには、蜜璃はしばらく桜餅の葉っぱだけを食べ続け、途中から餅だけを食べたと思われる。人間の髪は1日に平均0・4㎜

伸びるから、髪の桜色の部分を40㎝とすれば、葉っぱから餅に切り替えたのは千日＝2年9ヵ月前！　って、いったいどんな食べ方なんだ!?

もう一つ興味深いのは、彼女の筋肉は密度が常人の8倍もあることだ。これはたぶん「筋線維の密度が8倍」ということだろうから、すると力も8倍増。19歳の女子の握力は、平均26・47kgだが、蜜璃は212kgもある！　またスピードは8の平方根で2・8倍。19歳女子の50m走は平均9秒13だけど、蜜璃は3秒23＝時速56㎞！

この超絶パワーの源を得るためか、食べる量もすごい。17歳の頃は「相撲取り三人よりもまだ食べた」という。力士は1日に平均8千キロカロリーを摂取するから、蜜璃は2万4千キロカロリー以上。天丼（642キロカロリー）にして38杯以上だ！

この事実を知られたのか、蜜璃は17歳のとき、見合い相手から「君と結婚できるのなんて熊か猪か牛くらいでしょう」と言われてしまった。おいっ、あんたは何を言ってるんだ!?　熊の握力は150kgくらいといわれるし、猪のスピードは時速45㎞。牛は1日30kgの草を食べるけど、それは1万8千キロカロリー。三者とも蜜璃の敵ではありません。

このヒドイ見合いが破談してから、蜜璃はこの体力と食事量を隠して生きていた。髪も黒く染め、食べたいのをこらえ、力も弱いふりをして。すると結婚したいという男が現れたが、彼女は「いいのかな？　私一生こうして生きていくのかな？」と疑問を抱き始める。

そして「いっぱい食べるのも力が強いのも髪の毛も全部私なのに私は私じゃない振りをするの？」「私のままの私が居られる場所ってこの世にないの？　私のこと好きになってくれる人はいないの？」という思いを拭えず、蜜璃は鬼殺隊に入った。お館様こと産屋敷耀哉《うぶやしきかがや》が、蜜璃をそのまますべて受け入れてくれたのだ。


新体操のリボンみたいな刀だ！


そして誰もが気になるのは、蜜璃の刀だろう。目測2mを超える刀身が柔軟にしなり、うねり、波打つ！　まるで鞭《むち》か、新体操のリボンのようだ。刀の常識を超えたこの刀の特性について、作品内ではこう説明されていた（句読点は筆者）。

甘露寺蜜璃の愛刀は、きわめて薄く柔《やわ》い。技の速度は宇髄天元《うずいてんげん》をも上回っている。

強力な刀の「しなり」に加え、女体であるが故の筋肉の柔さ、関節の可動域の広さが、その速度を可能にしている。ともすれば自分自身をも切り刻むような扱いの難しい刀。彼女のために作られた、彼女だけが使える刀である。

現実の世界にも、薄くて柔らかく、しなる鉄は存在する。鋼鉄をローラーで薄くして帯状にしたもので、「帯鋼《おびこう》」や「鋼帯《こうたい》」と呼ばれる。カッター、カミソリ、ばね、ぜんまい、シートベルトなどに使われる。薄いものは厚さ0・01㎜というから、髪

NG
コレだと刀身と軌道が平行になってないから——斬れなくて…
コレが「刃筋が立ってる」状態よ!
OK
刀身の軌道
刀身の断面
ザクッ

[図1] しなる刀で、相手を斬る瞬間、刃筋を立てる。超絶テクニックだ

の直径の10分の1しかない!

　この事実から考えれば、鞭や新体操のリボンのようにしなる刀もあり得るだろう。しかし、そのような刀を自在に操るのはヒジョ〜に難しいと思われる。

　なぜなら刀というものは、切る瞬間に、刃を適確に当てる必要がある。日本刀は、刀身を軌道と平行にして振ることが大切で、これを「刀線刃筋《とうせんはすじ》を立てる」という。おそらく蜜璃は、刀を軟らかく波打たせて変幻自在に動かしながらも、鬼に当てる瞬間に刀線刃筋を立てるのではないだろうか。波打つほど薄い刀でこういうことをすると、普通なら刀がねじれてしまってまず切れまいが、蜜璃はスパスパと鮮やかに切る。驚くべきテクニックだ【図1】。

　この刀を打ったのは刀鍛冶の里の長・鉄地《てっち》

河原鉄珍《かわはらてっちん》。どうやって、この驚異の刀を作ったのだろうか。

鉄は、炭素の含有量が少ないと軟らかくなり、多いと硬いが脆くなる。日本刀は砂鉄に炭を混ぜて熱した「玉鋼《たまはがね》」から作られる。これを熱して叩くと、含まれていた炭素や不純物が追い出される。「鍛錬」という工程で、2つに折り曲げて鍛錬することを繰り返すことで、千を超える層を重ねることになる。

もう一つ重要な工程に「焼き入れ」がある。鉄は熱してから水で急冷すると、原子の並び方が変わって、炭素が少なくても硬く脆《もろ》くなる。この焼き入れで、弾力性のある刀身の刃の部分だけを硬くして、斬れ味をよくするのである。焼き入れしてなお自在に曲がるとは、鉄珍さまの鍛冶の腕もただごとではない。

こうして完成した蜜璃の刀は、すさまじい切れ味だろう。通常の日本刀の厚さは7㎜。もし蜜璃の刀の厚さが安全カミソリと同じ0・1㎜なら、狭い面積に力が集中するから70分の1の力で切れる。これを8倍の腕力で振るのだから、切れ味は560倍！

蜜璃は鬼に襲われた鉄珍さまを助けて抱き起こし「若くて可愛い娘に抱きしめられて何だかんだで幸せ…」と言われ、「やだもう鉄珍様ったら」と胸キュンしていた。奇跡の刀匠と奇跡の使い手が、ここまで心を通わせていたら、もう無敵であろう。

――そんな蜜璃は、刀鍛冶の里でも、その後の戦いでも、どこまでも前向きに戦った。そして、鬼舞辻無惨《きぶつじむざん》との激しい戦闘で致命傷を負ってしまい、やはり命にかかわるケガをした伊黒小芭内に語りかける。「私 伊黒さんが好き」「伊黒さんと食べるご飯が一番美味しいの」「だって伊黒さん すごく優しい目で私のこと見ててくれるんだもん」。

蜜璃は本当に伊黒のことが大好きだったのだなあ。そして「生まれ変わったらまた人間に生まれ変わったら 私のことお嫁さんにしてくれる?」と尋ね、伊黒の「勿論だ」「絶対に君を守る」「今度こそ死なせない 必ず守る……」という言葉を聞くのだった。

甘露寺蜜璃は最後まで恋に生きた。伊黒はどうかネチネチとした愛情で、来世も彼女を愛し続けていただきたい。必ず。

『仮面ライダー電王』ハナちゃん蹴りなど
「誇張表現」を真剣に考える

アニメを観ながら「この描写は科学的に正しいのかなあ」などと言っていると、「柳田さんは、無粋《ぶすい》ですねえ」と言われることがあります。無粋って、どんなホメ言葉だ!?　と思って辞書を引くと「粋《いき》でないさま。野暮《やぼ》なこと」とある。えっ、野暮ですと!?　で、今度は「野暮」を引いてみれば、「人情の機微《きび》や世情にうといさま。洗練されていない人」。むはーっ、全然ホメられてない!

しかし、そう言われましても。「アニメや特撮番組の荒唐無稽な描写は、あくまで架空の世界で起きた現象なのに、マジメに考えてどーするの!?」というご指摘だろうけど、筆者はつい真剣に考えてしまうのだ。すごいワザや身体能力を見たら「どういう原理?」「どんな体力?」と疑問を抱くのは、多くの人に共通する感情ではないかなあ。

ここで考えてみたいのが「誇張表現」だ。単なる誇張だから、劇中でもサラリとしか描かれていない。でも科学的に考えるとモノスゴイ!　そういう描写がアニメや特撮にはたくさんある。科学的に興味深い名誇張表現をいくつか紹介しよう。

バラがアスファルトに刺さった!

わかりやすい誇張表現に、『美少女戦士セーラームーン』におけるタキシード仮面の登場シーンがある。

タキシード仮面の投げた真っ赤なバラが、敵の足下《あしもと》に突き刺さる！　アスファルトだろうが、大理石だろうが突き刺さる！　振り返ると、タキシード仮面が立っており、「清らかな乙女の純情を穢《けが》す者は、このタキシード仮面が許さない！」。うっひょ〜っ、カッコいい。

喝采《かっさい》を送っている場合ではありません。このように「柔らかいものが、硬いところに刺さる」という描写は、マンガやアニメにしばしば出てくる。カードが壁に刺さったり、ボールがコンクリートにめり込んだり。もちろん、そのキャラの突出した能力をサラリと示す誇張表現だ。

だがタキシード仮面の場合は、サラリというレベルなのか。実際にやるには、アスファルトに刺さるバラが必要だが。

バラを買ってきて、茎を縦方向にツブすという実験をした結果（胸が痛みます）、バラの茎は1㎠あたり40kgの力に耐えることがわかった。でも、アスファルトは1㎠あたり500kgに耐える。ということはタキシード仮面のバラは、それを上回る強度を持っているはずで、普通のバラの12倍以上も強い。こんなバラがどこで売ってるんだ!?　教えてくれ、タキシード仮面！

仮にそんなバラがあったとして、誰もがアスファルトに刺せるのだろうか。実験に使ったバラの重さは37gであった。これを突き刺さらせるには、アスファルトに接触したときに1㎠あたり500kgを超える衝撃力を発生させねばならないのだが……。

アスファルトに2㎝の深さまで突き刺さらせるためのスピードを計算すると、時速180㎞。プロ野球のピッチャーの速球より速いけど、それは当たったときの速度だ。空気抵抗で速度が落ちることも考慮に入れれば、タキシード仮面が5m離れたところから投げる場合、手を離れた瞬間のスピードはマッハ4・7！

つまりタキシード仮面は、通常の12倍の強度のバラをどこからか手に入れ、それをマッハ4・7で投げている。お約束の登場シーンでサラリとオソロシイことをしているヒトなのだ。

蹴り飛ばされ、天井に張りつく！

見過ごしがちな誇張シーンが、『仮面ライダー電王』で描かれた。『電王』は平成ライダーシリーズ第8作で、2021年のNHK『全仮面ライダー大投票』において、作品部門、ライダー部門の二つで1位に輝いた人気作でもある。主人公・野上良太郎《のがみりょうたろう》が、「時の列車」デンライナーに乗っているモモタロスやウラタロスなど、4人のイマジンに憑依《ひょうい》されることで、仮面ライダー電王に変身する物語だ。

さり気ない事件が起きたのは、そのデンライナー車内において。おやつに大きなプリンが出てきた。プリンを作ったのは料理が苦手なヒロイン・ハナちゃん。それを知ったイマジンのモモタロスが、ハナちゃんに「食えるんだろうな」と言った瞬間、ハナちゃんはモモタロスの顔面を蹴り上げた！　モモタロスはデンライナーの天井にドカッとぶつかり、しばらく天井に張りついていたが、やがて落ちてきた……！

このシーンは、二つの意味でスゴい。まず、人間が人間を蹴って、飛び上がらせること自体、メチャクチャ大変。というか、現実にはまず不可能だ。

そしてもう一つ、しばらくモモタロスが天井に張りついていたこと。これはおそらく「あまりにすごい勢いで天井にぶつかり、しばらく上昇力が持続した」という表現であろう。でも、普通そんなことはあり得ない。天井にボールをぶつけたとき、威力がすごかったので長く張りついていた……という現象を見た人はいないだろう。

よって天井への張りつきは、感覚的な誇張表現と考えるべきで、このシーンから具体的なキック力が導けるわけではない。仕方がないので、モモタロスを天井に蹴り上げるための力だけを求めてみよう。

ある実測データによれば、キックボクサーが鉄枠にぶら下げた重量70kgのコンクリート柱にミドルキックを叩き込んだところ、衝撃力1・2tを記録し、コンクリート柱は時速2・5kmで揺れたという。かなりすごい力だと思うが、同じ威力のキックで

［図1］人がヒトを蹴り飛ばすのは、容易なことではありません

体重70kgの人間を蹴り上げたとしても、上昇する高度は2・4㎝。わずかである。

それに比べて、蹴られたモモタロスは、筆者の目測では1m50㎝ほども上昇している。モモタロスの体重は102kgだから、ここから計算すると、ハナちゃんのキック力は、少なくとも108tだ**【図1】**！

電王のキック力は、リュウタロスが憑依してパワーアップしたガンフォームと、最強形態のクライマックスフォームがいちばん強くて、それぞれ10t。でもハナちゃんはその11倍のキック力を誇るわけで、戦いには電王よりハナちゃんが行ったほうが確実に勝てる、という話になります。

アイスが瞬間的に蒸発した！

さらにもう一つ、『ウルトラマン』から50

年目の記念すべき作品『ウルトラマンオーブ』にも、オドロキの誇張表現が登場した。オーブは地球ではクレナイ・ガイという青年に姿を変えていて、リング型のアイテムと、かつてのウルトラ戦士の力を宿したカードを何枚も持っている。魔王獣が現れると、ガイは2枚のカードを選び、リングに差し入れて「ウルトラマンさん！」「ティガさん！」などと叫ぶ。すると、2人の能力を備えたウルトラ戦士に変身できるのだ。カードで先人2名を選ぶなど、50年の歴史があるからこそ可能な変身システムだろう。だが、その先人に「さん」をつけるウルトラの人なんて、初めて見た！　スバラシく礼儀正しいな。

それはともかく、注目は第4話「真夏の空に火の用心」である。地上は猛暑が続き、気温は40℃。ガイも暑さに耐えかねて、自転車のアイスキャンデー屋さんから棒つきアイスを買う。「あーん」と口を開けて、アイスにかぶりつこうとしたそのとき、オレンジ色の熱風が吹きつけてきて、アイスが棒だけになった。蒸発したのだ！

熱風の源は、魔王獣マガパンドンが身にまとった火の玉だった。ウルトラヒーローがアイスを食べるシーンも珍しいと思うけど、そのアイスが蒸発するとはこれまた斬新。ここで気をつけたいのだが、アイスは「溶けた」のではない。「蒸発した」のだ。両者は全然違います。

ガイが食べようとしたアイスが、赤城乳業の『ガリガリ君』だとすれば、それは縦

8・5㎝、横5・5㎝、厚さ2・5㎝ほど。重さを計算すると107gだった。また、熱風はアイスに正面から当たっていた。ストップウォッチで計ると、消滅するまでわずか1・4秒。つまり熱風は「8・5㎝×5・5㎝の面に1・4秒間吹きつけることで、107gの氷を蒸発させた」ことになる。

筆者は、炎の温度が1700℃に達するガスバーナーの炎を、厚さ2㎝の氷に吹きつけてみた。完全に溶けるのに23秒かかった。氷を蒸発させるには、溶かすときの何倍もの熱が必要で、氷の温度をマイナス10℃とすると、その比率は8・5倍。――などなどから計算すると、アイスが浴びた熱風の温度は30万℃だ！

これには筆者も驚いた。アイスを顔の正面に持ってきていたガイは、顔面に熱風をモロに浴びていた。温度が1万℃を超えると、どんな物質も蒸発したうえに、原子から電子が吹き飛ばされた「プラズマ」になる。物質を作る原子の種類は全宇宙共通だから、それはウルトラの物質でも同じはずである。なのに30万℃を浴びたガイは、火傷《やけど》ひとつなく、髪がぶわっとなびいただけ！ さすが先輩たちにも礼儀正しいウルトラヒーローだ！ と新たな感動が生じてしまうのである。

――このように、さり気ない誇張表現はまことに興味深い。やはり真剣に考えてしまうのだった。

「かつて八ヶ岳は富士山より高かった」

という伝説は、本当だろうか？

これは、諏訪《すわ》地方に語り継がれる、かなり有名な伝説である。昔、富士山と八ヶ岳が、どちらが高いかでケンカをしていた。いつまでもモメているので、阿弥陀如来《あみだにょらい》が二つの山の頂上から頂上へ長い樋《とい》を渡し、真ん中に水を注いだ。すると水は富士山のほうに流れていった。水は低いほうに流れるから、八ヶ岳の勝ちだ。ところが、この結果に怒った富士山は、その樋で八ヶ岳を叩いた！　それによって八ヶ岳は山頂が割れ、いまのように多くの峰に分かれましたとさ。

本当だろうか⁉　……って、ホントのはずはないよね。いくら筆者でも、富士山からニュッと手が伸びて、樋を振り回したとは思いません。これはあくまでも伝説だ。

富士山は日本を代表する山だから、この伝説にムッとする人もいるかもしれない。静岡県や山梨県の皆さまは、とくに怒髪天《どはってん》を突いているかも。でもこの話、科学的に考えてみると、なかなか面白そうなのだ。伝説の内容に沿って考えた場合、富士山に叩き割られる前の八ヶ岳は、どれほど高かったことになるのだろうか？

伝説は本当だった‼

この伝説を面白い感じで取り入れたなあ……と思うのは、ゲームを元にさまざまな世界が広がる『東方《とうほう》Project《プロジェクト》』である。その舞台「幻想郷」には、われわれの世界で消えたもの、忘れ去られたもの、存在を否定されたものたちが存在するのだという。たとえば、妖怪や鬼、魔法使いなど。

環境も同様で、幻想郷はあまり広くなく、山は一つしかないらしいのだが、それこそが「富士山に壊される前の八ヶ岳」だという！　幻想郷に行けば、日本でいちばん高かった頃の八ヶ岳がそのままそびえている……。わはは、ステキな設定ですなあ。心がほのぼのと温かくなってまいります。

と、時空を超えた話を紹介したところで、現実の世界に目を向けてみよう。

八ヶ岳は、長野県から山梨県にかけていくつもの峰が並んだ火山群だ。最高峰は赤《あか》岳《だけ》で標高２８９９ｍ。単独峰の富士山とは対照的だが、そうなった理由を、地質学者の内藤久敬《ないとうひさたか》先生が「伝説『富士山と八ヶ岳の背くらべ』の地質学的考察」という論文で解説されている。要約させていただくと、次のとおり。

富士山は50万年前から1万年前にかけて、ほぼ同じ場所で4回の大きな噴火があり、古い溶岩に新しい溶岩がかぶさることを繰り返し、高くなった。10万年前の富士山は、２７００ｍほどしかなかった（現在は３７７６ｍ）。

一方、八ヶ岳は１３０万年前に北端の蓼科山《たてしなやま》あたりで噴火が始まり、南に向かって噴火が進んだ。大きな崩落も起きたが、25万年前には高さが３４００ｍもあった。

すると、10万年前に現在の高さと同じだったとしても、同時代の富士山より高かったことになる。なんとなんと、伝説は正しかった！　10万年前とは、現在の人類がアフリカを出て世界中に広がり始めたといわれる時代である。その頃、阿弥陀如来がいらっしゃったかどうかは定かでないが、科学と伝説の奇跡的な符合《ふごう》にはびっくりだ。

八ヶ岳の高さを探る

当時の両者の正確な高さはわからないので、ここでは昔の富士山が現在と同じ標高3776mだったとして、かつての八ヶ岳の高さを探ることにしよう。

「水は低きに流れ、人は易《やす》きに流る」というように、阿弥陀如来の方法はきわめて科学的に見える。ところが、「山の高さ比べ」という大スケールの話になると、そうともいえない。「地球の丸さ」が無視できなくなるからだ。丸い地球にそびえる二つの山の頂上同士をまっすぐな樋でつなぐと、イラストのように、低いほうの頂上よりもさらに低い場所ができてしまう！

たとえば、旧八ヶ岳の頂上が、現在の八ヶ岳の中央にある天狗岳《てんぐだけ》（標高2646m）の頂上と同じ緯度・経度にあり、標高が富士山より100m高い3876mだったと仮定しよう。この場合、二つの頂上間の距離は81㎞になるが、富士山から32㎞の地点がいちばん低くなり、地面からの高さは3709mになる。ここへ樋の真ん中から水

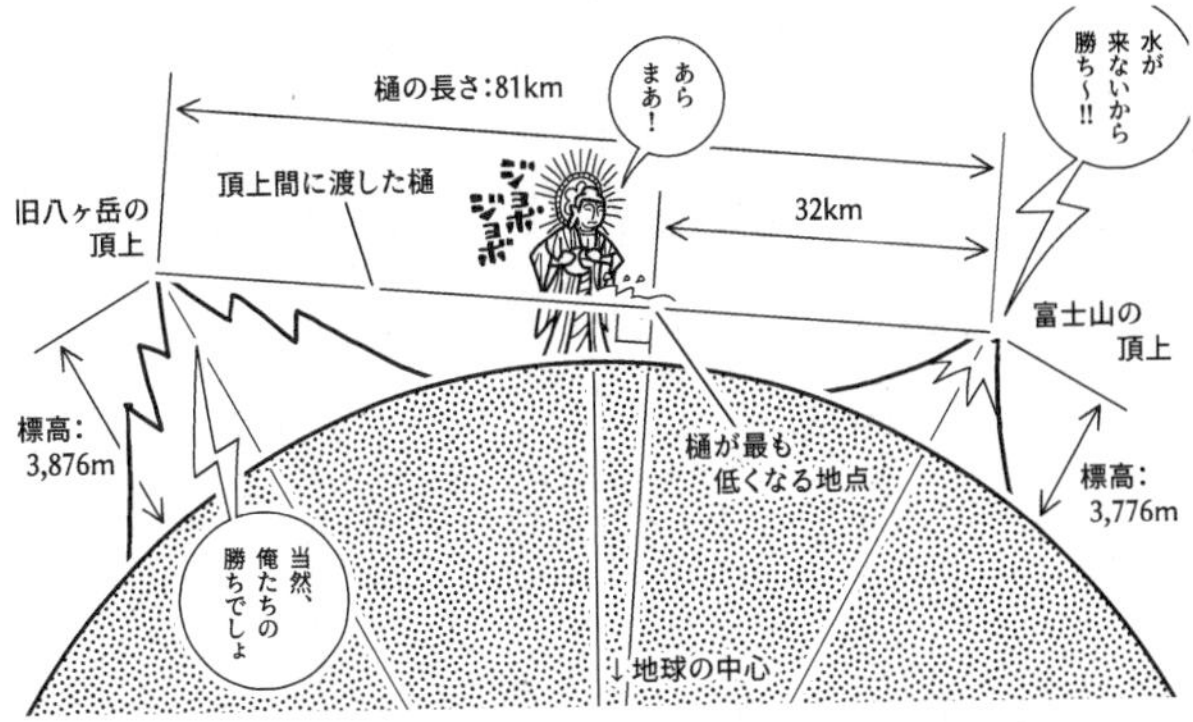

[図1] 地球は丸いから、どちらにも水が流れていかない場合がある

を流すと、どうなるか。水は富士山のほうに流れていくが、32㎞地点にたまって、それ以上は流れていかない！

結果的に、富士山にとっても八ヶ岳にとっても、自分のところに水は流れてこないのだから、両者とも「やった～、自分の勝ちだ！」と大喜びするのではないだろうか。すべてをお見通しの阿弥陀如来も「ケンカも収まったし、ま、いっか」という、ちょっとアバウトなハッピーエンドを選択しても不思議はなかったと思う**【図1】**。

だが、これは「八ヶ岳が富士山より100m高かった」という仮定での話。伝説では、富士山は自分の敗北を知り、狼藉《ろうぜき》に及んだのだから、おそらく水は富士山にジャバジャバかかったのだと思われる。この事態が起こるのは、富士山の頂上から水平に伸ばした直線より、旧八ヶ岳の頂上が上にあったとき。そうなる旧八ヶ岳の標高とは4286m以上。八ヶ岳は富士山より、少なくとも510m高かったことになる！

富士山の底力を見よ！

うーむ、それほどの差があるのに、富士山は「自分が高い」と言ったのか。そして、八ヶ岳を叩き割るという破滅のクライマックスへ。どんな性格をしてるんだ富士山!?と思ってしまうが、それこそ伝説である。でもここでは、その信じがたい伝説どおり富士山が旧八ヶ岳を叩き割ったとして、そのパワーを考えてみよう。

現在の八ヶ岳は、南北20km、東西7kmほどの領域に、20を超える峰が並んでいる。旧八ヶ岳が同じ領域を占め、標高が4286mだったとしたら、富士山が破壊した岩石は2千億t。その破片を、現在の八ヶ岳の領域の外まで飛ばしたとすれば、必要なエネルギーは1千京《けい》ジュール。ビキニ環礁実験で使用された水爆160発分だー！

信じがたい数字が出たついでに、もう一丁。富士山が振るった樋は長さが81kmを越えたはずだ。幅10m、厚さ1mのカシの板を組んだものだとすると重さは192万tとなるが、それでも右のような破壊をやらかすには、マッハ520で振り下ろさねばならない！　コワすぎる！

富士山はいざ怒るとモーレツに恐ろしい。さすが日本一の山である。

『僕のヒーローアカデミア』の「パンチの風圧で雨が降る」現象はアリ⁉

どんどん広がっている『僕のヒーローアカデミア』の世界。その原点に立つヒーローがオールマイトであることに、異論を唱える人はいないだろう。いたら、その人はたぶんヴィラン……。

舞台は、人口の8割が〝個性〟と呼ばれる超能力を持つ時代。強い〝個性〟と正義の心を持つ者たちは、〝個性〟を悪用するヴィランと戦い、ヒーローと称えられている。なかでも「存在そのものが抑止力」「平和の象徴」と謳《うた》われるNo.1ヒーローが、オールマイトだった。主人公・緑谷出久《みどりやいずく》（通称デク）もオールマイトに憧れて、ヒーローになりたいと強く願っていた。

オールマイトの〝個性〟は「ワン・フォー・オール」。力が代々受け継がれ、各代が培《つちか》って次代に譲り渡すため、代を重ねるごとに強くなる。出久は〝無個性〟だったが、助けを求める人を見ると、後先を考えずに飛び出してしまう、ヒーローの心を持つ少年。それを見たオールマイトによって9代目に選ばれ、「ワン・フォー・オール」を受け継ぐことになる。

彼が後継者を探していたのは、5年前の戦いで呼吸器官半壊、胃袋全摘の重傷を負ってしまったからだ。筋骨隆々の「マッスルフォーム」でいられるのは1日に約3時間で、残りの時間は、痛々しいほど痩せ衰えた「トゥルーフォーム」で過ごすしかない。オールマイトは、世間にその事実を伏せ、笑顔で人々を救い続けていた。

そして長年の仇敵《きゅうてき》、オール・フォー・ワンとの戦いで「最後の残り火」も使い果たし、ついに最前線から身を引く。人々の前で、出久を後継者に指名して……という話はコミックス第11巻で描かれ、その後ヴィランとの戦いは一層激化するのだが、本稿では時間を巻き戻して、オールマイトが物語の最初に見せた「すごい現象」について考えてみたい。

パンチで雨は降るか？

それは、出久との出会いとなった戦いで示された。出久が無謀にもヴィランに立ち向かおうとしたとき、オールマイトが現れて「私が来た！」。そして「デトロイト・スマッシュ！」と叫んで、ヴィランに向かってパンチを打つ（マンガでは地面を殴ったようにも見えるが、前後の表現からヴィランに向けたパンチと思われるため、本稿ではその解釈で進める）。と、風が巻き起こり、ヴィランの体は跡形もなく飛び散った。

科学的に驚くのはその後だ。ヴィランの体が周囲や上空へ広がった直後、雨が降ってきたのだ。人々は「まさか今の風圧で…⁉ 上昇気流が…⁉」と驚き、「右手一本で天気が変わっちまった‼」とオールマイトを称賛する声を上げていた。いや、これはもう、本当にびっくり仰天の行為である。

人間は農業を営んで食糧を確保してきた。農業に水は不可欠。だから昔から世界各地で雨乞いの儀式が行われてきたし、人工降雨も研究されてきた。この歴史を思えば、オールマイトの行為は「その方法があったのか!」だろう。実現できれば、だが。

パンチの風圧で雨を降らせることが不可能かというと、そうともいい切れない。ヒントは、夏の夕立だ。地面が太陽の熱で暖められると、地表の空気が暖まり、軽くなって上昇する。上昇気流が上空で冷やされると、含まれていた水蒸気が、空気中の小さなチリなどを芯にして、細かい水の粒になる。水の粒は、まわりの水蒸気を集めたり、互いに合体したりして、大きくなり、やがて雨となって落ちてくる。これが夕立だ。

つまり、夕立の原因をさかのぼれば、太陽の「熱」ということになる。太陽でなくても、大量の熱が発生すれば、上昇気流が生まれて、雨が降ることがある。1945年3月10日の東京大空襲の直後にも雨が降った。同年8月に広島、長崎へ原子爆弾が落とされた後にも、激しい降雨があった。

ここから考えると、オールマイトもパンチを打つことによって、大量の熱を発生させれば、雨が降っても不思議ではないことになる。そして、実際に雨が降るなか、オールマイトの右腕からは湯気《ゆげ》が上がっていた。流れ星が光るのは、宇宙を猛スピードで飛んでいた岩石の粒が大気圏に飛び込み、空気との衝突で莫大な熱が発生するから。とてつもない速度でパンチを打てば、空気との衝突によって莫大な熱を発生させる可能性は充分にあるだろう。

雨が降ったのは3分20秒後

でも、それはどんなパンチなのか？

雨が降ってきたのだから、「真夏の太陽の光を一日じゅう浴びた」くらいの熱が発生したのは間違いない。マンガに描かれた現場の状況から、雨の降った領域を半径100mと仮定しよう。オールマイトのパンチが、それと同じ領域の空気に、夏の太陽光を7時間（日差しの強い午前10時～午後5時）浴びたのと同じだけの熱を与えた、と考えて計算すると、その熱とは1億6千万キロカロリー＝爆薬170t分【図1】！

想像してもらいたい。学校の教室の床から天井までを埋め尽くすダイナマイトを！爆薬170tとはそれほどの体積だ。それが一斉に爆発したのと同じ威力のパンチを、人間大のヒーローが放つ光景を！

身長220cm、体重255kg（最盛期は274kg）のオールマイトがそれだけの威力を持つパンチを放つとしたら、放ったパンチの速度はマッハ870である！

パンチ力に換算すると、1900万t。な～るほど、パンチで雨を降らせることの

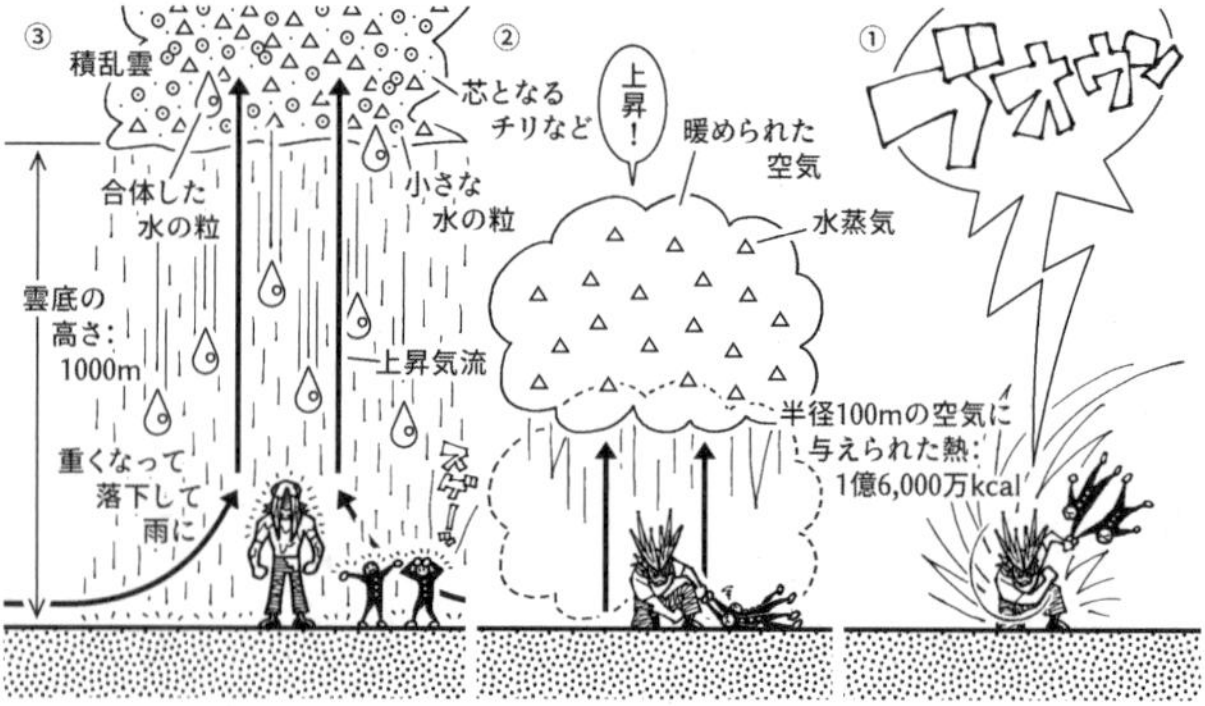

［図１］ヒーローのパンチで雨が降る理由

できる人が現実の世界にいないのも、ナットクしますなあ。

これ、現場にいた人々は、結構オモシロイ体験をしたことだろう。上昇気流は秒速10mほどで、雨粒の落下速度も同じくらい。オールマイトが作った積乱雲の雲底の高さが1千mだったとすると、上昇気流がそこまで達するのに100秒かかり、雨が落ちてくるのにまた100秒かかる。つまり、オールマイトがパンチを打って、ヴィランの体が四散し、そんな状況にあっけに取られているうちに200秒（＝3分20秒）ほど経って、空がにわかに曇ってきたと思ったら、バラバラと雨が落ち始めたはずなのだ。

オールマイトの強さをしみじみ感じただろうから、称賛の声を上げたくなるのも無理はない。

『ぐりとぐら』に出てきた大きなカステラ。
実際のサイズを想像してみる！

モグモグ
おいしいね
おいしいよ
モグモグ
けど……
だれのたまごなんだろう？

『ぐりとぐら』に出てくるお菓子は、どれほどの大きさ？

これ、本当にたくさんいただく質問だ。絵本のなかで「かすてら」と呼ばれていたあのお菓子は、たっぷり大きくて、モーレツにおいしそうで、多くの人が気にかけるのはよーくわかる。もちろん、筆者もずーっと気になってました。

それにしても恐るべき絵本である。『ぐりとぐら』は、筆者が子どもの頃から書店で平積みになっていた。いまも多くの書店で平積みである。その間、『日本沈没』や『窓ぎわのトットちゃん』や『ノルウェイの森』や『五体不満足』や『チーズはどこへ消えた？』や『世界の中心で、愛をさけぶ』などなど、たくさんのベストセラーが出たけど、どれもとっくに平積みにはなっていない。『ぐりとぐら』の初版は、なんと１９６３年だという。筆者が近所の書店で、平積みされている本の奥付を見てみたところ、２０２１年9月の印刷で、なんと２３７刷。すごいっ。

ふたごの野ねずみのぐりとぐらが「ぼくらの なまえは ぐりと ぐら」と歌いながら森へドングリやクリを拾いに行ったら、大きな卵が落ちていた。持って帰れないので、家から材料と道具を持ってきて、その場でかすてらを作る。焼けてくると、いいにおいがして森じゅうの動物が集まってくる。焼き上がって、みんなで食べたかすてらのおいしかったこと！

卵が大きすぎて持ち帰れなかったおかげで、森のみんなと楽しい時間を過ごせたわけであり、これぞ「災い転じて福となす」ですな。——などとオトナ目線になっている場合ではない。このカステラがどれほど大きかったのかを考えてみよう。

卵の大きさを求める

すべては卵が大きいことから始まったのだから、まずは卵の大きさを求めたい。比較の対象になるのは、ぐりとぐらの体の大きさで、それは彼らが何ネズミなのかを同定すればわかるはずだ。

森に棲むノネズミには、アカネズミとヒメネズミがいる。どちらも日本固有種だが、大きさや行動形態が違う。アカネズミのほうが大きく、地上で暮らすのに対して、ヒメネズミは木にも登れる。

同じシリーズの他の絵本を読んでみると、『ぐりとぐらとくるりくら』では、「てながうさぎ」のくるりくらにつかまって、木に登らせてもらっている。ヒメネズミは木登りが得意だから、するとアカネズミだろうか。

また『ぐりとぐらのえんそく』では、ほどけた毛糸を巻き取りながら、5つの見開きにわたってかなり長い距離を歩いている。1㎞くらいは歩いた印象で、するとこれも1日に数㎞を移動するアカネズミの特徴だ。これらのことから、ぐりとぐらはアカネズミと考えよう。

東京ズーネットの『どうぶつ図鑑』によれば、アカネズミの体長（頭からお尻までの長さ）は83～140㎜、体重は20～72g。ぐりとぐらは子どもと思われるので、ここではどちらも最小の体長8・3㎝、体重20gと仮定しよう。小さくて軽いんですなあ、このヒトたち。

ぐりとぐらが卵を持ち上げようとしている絵で測定すると、卵の長径は、真っすぐ立っているぐらの体長の2・66倍。すると長径22・1㎝。短径も同じように測定&計算すると15・8㎝だ。

これは予想外に巨大な卵である！　自宅の冷蔵庫から卵を取り出して測ると、長径6・3㎝、短径4・6㎝で、重さ63g。卵のような回転楕円体の体積は「短径の2乗×長径」に比例するから、ぐりとぐらの卵は、体積が普通の卵の42倍もあるのだ。すると、おそらく重さも42倍で、2・64㎏。ダチョウの卵でさえ1・3～1・6㎏なのに、その倍ほども重い！　いったい何の卵なんですかなあ。

はじめ2人は、この卵を持ち帰ろうとして、アレコレ検討していた。ぐらが「かついで　いこうか？」と言うと、ぐりが「つるつる　すべって、おちて　しまうよ」と答える。ぐらが「ころがして　いこうか？」と言うと、ぐりが「いしに　ぶつかって、われてしまうよ」と答える。

いや、滑るとか、割れるとか以前に、重さがすごすぎないですか。2・64kgの卵を体重20gの2人が運ぶのは、体重50kgの人が2人で6・6tの大型トラックを運ぼうとするのと同じである。いくらなんでもムチャだと思う。

あのカステラは、人間でも126人前！

そして、賢明にも運ぶのを諦めた2人は、家から「いちばん　おおきな　おなべ、こむぎこ、ばたー、ぎゅうにゅう、おさとう、ぼーると　あわだてき、えぷろんを　2まい、まっち、りゅっくさっく」を持ってきて、その場でかすてらを作ったわけである。

さて、かすてらの大きさは？

それは卵以外の材料にもよるなあ、と思っていたら、なんと『ぼくらのなまえはぐりとぐら　絵本「ぐりとぐら」のすべて。』（福音館書店）という本に、カステラのレシピが載っていた！　材料は絵本とまったく同じで「卵2個、卵黄1個分、グラニュー糖65g、薄力粉（ふるう）65g、牛乳大さじ1（柳田注：15mL）、無塩バター15g」。これで、直径18cm、写真での見た目では厚さ6cmほどの丸いカステラができる。こちらを「レシピA」と名づけよう。

しかし、ここまで見てきたように、ぐりとぐらが入手した卵はもっとデカイから、

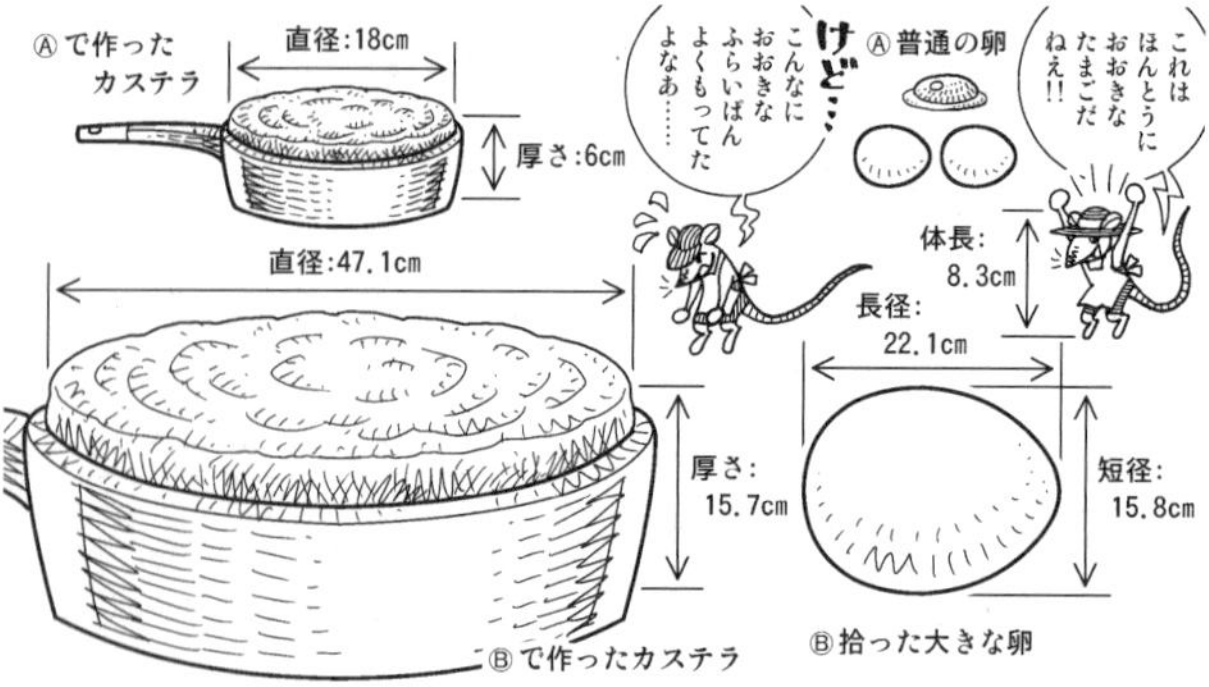

［図1］卵も大きいが、フライパンも巨大。普段は何に使うんだろう？

このレシピの材料ではまったく足りない。巨大卵に応じた分量の「レシピB」を作成する必要がある。

　手元の卵で測定したところ、卵黄の重さは「卵の中身の3分の1」だった。するとレシピAの「卵2個、卵黄1個分」とは、「卵2と3分の1個」と考えていいだろう。ぐりとぐらの卵は普通の卵42個分で、これは「2と3分の1個」の18倍だから、他の材料もすべて18倍にすれば「レシピB」が完成するはずだ。

　結果を記すと「大きな卵1個、グラニュー糖1・17kg、薄力粉（ふるう）1・17kg、牛乳2270mL、無塩バター270g」。これでカステラを作ると、その直径は47・1cm、厚さは15・7cm。うおおっ、これはモーレツにデカイ**【図1】**！

レシピAの直径18㎝のカステラは6〜8人分だという。中間の7人分とすると、その18倍の材料を使うぐりとぐらのカステラは、7×18＝126人前。これは驚いた。体長8・3㎝、体重20gのぐりとぐらが、人間でさえ126人が食べられるカステラを作ったのである！

ぐりぐら4万4千人分！

するとこのカステラ、ぐりとぐらにとっては、何人分なのか。

人間の体重を50kgとすると、ぐりとぐらの体重20gは、その2500分の1だが、2人が食べる量は人間の2500分の1にはならない。ティーカップの紅茶が、お風呂のお湯より冷めやすいように、体が小さいと、体から熱がドンドン逃げていく。それを補うために、小さな動物ほど体重に比べてたくさん食べる必要がある。計算してみると、体重が2500分の1のぐりとぐらでも、食べる量は350分の1にしかならない。あのヒトたち、意外と大食いなのである。

それでも、人間126人分のカステラは、ぐりとぐらにとって、126×350＝4万4100人分！

こんなに作って大丈夫か、と心配になるけど、大丈夫だろう。カステラの焼けるおいしそうな匂いで、森の動物たちが集まってきたからだ。ゾウ、ライオン、クマ、イノシシなどの大型動物から、カニ3匹、トカゲ4匹などの小動物まで、ぐりとぐらを合わせて総勢31匹！　これだけいたら、人間126人分のカステラぐらい、あっという間に平らげたのではないかなあ。

——と、長年気になっていた問題をようやく検証できて、筆者はとっても幸せです。

ぐりぐらぐりぐら。

『名探偵コナン』の蝶ネクタイ型変声機。どれほど便利なアイテムか？

ワレワレハ ウチュウジン ダ……
やっぱやる わよねえ… さすがは 子どもねぇ

名探偵コナンの活躍に、阿笠《あがさ》博士が開発した探偵アイテムは欠かせない。そして、その第1号が「蝶ネクタイ型変声機」だ！

知らない人はいないかもしれないが、念のために説明すると、その名のとおり蝶ネクタイの形。ダイヤルを合わせれば、コナンの声をどんな人の声にも変えられる。

コナンがこれを必要とするのは、悪の組織によって、小学1年生の体にされてしまったから。その姿で名推理を披露すると、とても不自然で信じてもらえないだろう。そこで、近くにいる大人を眠らせて、その人の声で推理を述べることになる。眠らされるのは、たいてい毛利小五郎探偵。彼の声はダイヤル59番に登録されている。

コナンの活動になくてはならないアイテムだが、本当にこれがあったら、事件解決にどれほど役立つのだろうか？

どうやって声を変えるのか？

この変声機、蝶ネクタイの大きさなのに、マイクと、スピーカーと、ダイヤルがついている。マイクは、声や音を電流に変える機械。スピーカーは逆に、電流を音声に変える機械だ。

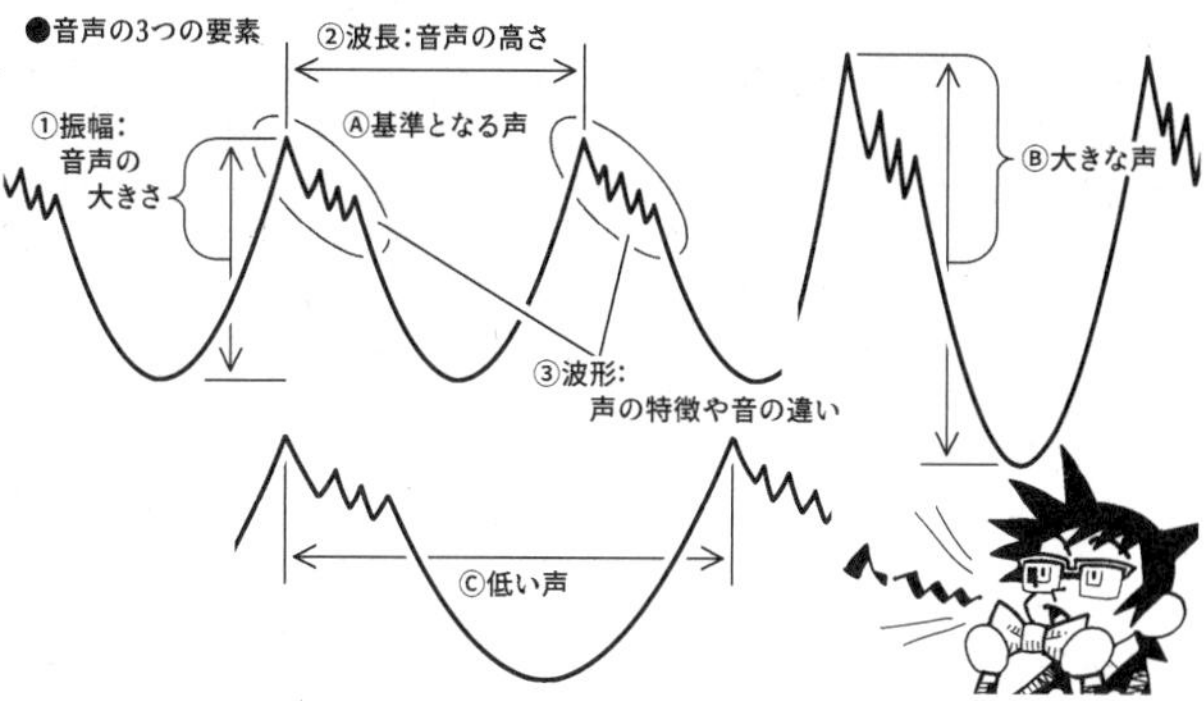

[図1] 声は「振幅」と「波長」と「波形」によってグラフ化される

声を電流に変えて「オシロスコープ」という機械に流すと、**【図1】**のような、山と谷が交互に繰り返すグラフが表れる。この波の各部が、音声の3つの要素を示している。

山と谷の高低差の半分が「振幅」で、音声の大きさを表す。声が大きいほど、振幅は大きくなる。

山と山の頂上同士の間隔が「波長」で、音声の高さを表す。高い声は波長が短く、低い声は波長が長い。

そして、細かいギザギザなど、波の形の特徴が「波形《はけい》」だ。人間の声には、さまざまな大きさや高さの声が混ざっていて、その混ざり方の違いで、人による声の特徴や、同じ人の声でも「あいうえお」などの違いになる。それらが、波形に表れる。

では、蝶ネクタイ型変声機は、どうやって

声を変えるのだろうか？　コナンの声を毛利探偵の声に変える場合を考えよう。

一般に、大人の声は子どもの声より低い。子どものコナンが声を大人っぽくするためには、波長を長くする必要がある。音の高さが1オクターブ低くなるごとに、波長は2倍になるから、毛利探偵の声がコナンの声より1オクターブ低いとしたら、波長を2倍に引き伸ばせばいいわけだ。そのうえで、コナンの声の波形を、毛利探偵の声の波形に変えれば、毛利探偵の声になるだろう。

だが、これだけでは困った問題が起こる。一つ一つの波の波長を2倍にすると、全体の長さも2倍になってしまう。同じセリフを言うのに、2倍の時間がかかってしまうのだ。

コナンが「犯人はこの男だ！」と歯切れよく言っても、目暮《めぐれ》警部たちに聞こえてくるのは「は〜ん〜に〜ん〜は〜」という間延びした毛利探偵の声。まことに説得力がなさそうだ。

せっかく変声機を使ったのに、やっぱり信用してもらえないのは、あまりにも残念。これを防ぐには、コナンは2倍速の早口でしゃべるべきだろう。たとえば、毛利探偵に「犯人をこの凶悪きわまりない犯罪に駆り立てたものは、幼馴染《おさななじ》みが過去の過ちを隠そうとして口にした心ないひと言だったのだ」と言わせる場合、筆者が自分で口にしてみると、8秒かかった。ということは、コナンはこれを4秒で言わなければならない。やってみるとなかなか難しく、筆者はどうしても4・5秒を切れません。

もう一つの解決策は、声の波をすべて変えるのではなく、一つおきに毛利探偵の声に変えて、残りを消去してしまうこと。こうすれば、一つ一つの波が2倍の長さになっても、全体の長さは同じになる。現実世界の「ボイスチェンジャー」もこの方式を取っているが、リアルタイムで声を変えられるようになったのは、最近のことだ。マンガの連載が始まったのは四半世紀も前なので、そのときに阿笠博士がこれを実現していたと思うと、いやはや、すごい天才ですな〜。

おかしなところから声がする！

そんな蝶ネクタイ型変声機が実際にあったら、どれほど役に立つだろうか。実はこれ、使い方が結構ムズカシイのではないか……と筆者は心配している。

このアイテムを使うとき、コナンは大きな声を出すことは許されない。自分の生声まで周囲に聞こえたら、毛利探偵の声とハモってしまい、不気味なことになる。

では、コナンがささやけばいいかというと、それも悩ましい。人間は喉にある「声帯」を震わせて声を出す。声帯は二枚一組の膜で、息をするときは開いているが、声を出すときにはぴったり閉じる。だからここへ息を送ると、よく震えて声になるのだ。

ところが、ささやくときには、二つの声帯のあいだに隙間ができて空気が漏れ、あ

声は別の方向から聞こえるぞぉ？
ベラベラベラ〜
反射
声の経路
ベラベラベラ〜
ベラベラベラ〜
壁
ZZZ….

[図2] 気絶中の探偵から離れると、声が妙なところから聞こえてしまう

まり震えない。こうして小さな声になる。これに近い波形を持つのは、ハスキーな人の声。つまりコナンがささやき声で話すと、毛利探偵はハスキーボイスで推理を展開することになってしまう！　それもまた不気味かも！

　声が聞こえる方向も問題だ。この変声機を使うとき、眠っている毛利探偵をソファーに座らせ、コナンはソファーの後ろに隠れて話す……というパターンがしばしばある。毛利探偵の声は、コナンが持っている蝶ネクタイ型変声機から出るのだから、毛利探偵からあまり離れることができないのだ。

　それでも、近くにいればOKというわけでもない。たとえば、蝶ネクタイ型変声機を初めて使ったときは、**【図2】**のような位置関係だった。この場合、蝶ネクタイ型変声機から出た毛利探偵の声は、壁に反射してから目暮警部たちに届くことになる。場所によっては、声の聞こえてくる方向が本人のいる方向とズレてしまうわけで、目暮警部たちは「誰か怪しいヤツがいる！」「捜索しろ！」という騒ぎ出さないとも限らない。

いちいちこんなことになるには、蝶ネクタイ型変声機にマイクとスピーカーの両方がついているからだ。これを避けるには、毛利探偵の体のどこかにスピーカーを設置するのがいいと思う。コミックスの第90巻では、スマホをスピーカーにして、気絶した毛利探偵の襟首に挟む……という使い方をしていたが、これなどよいアイデアだ。

毛利探偵は大丈夫か⁉

変声機を使用する際、避けて通れない条件がある。毛利探偵を眠らせねばならないことだ。

そのためにコナンは「時計型麻酔銃」を使用しているが、これはメチャクチャ危険である。針についたぐらいのわずかな麻酔薬で、毛利探偵は一瞬にして眠る。よほど強力な麻酔薬なのだろう。

医療用に使う麻酔の場合、患者の意識をなくして眠らせる「全身麻酔」と、手術をする場所だけの感覚をなくす「局所麻酔」がある。毛利探偵は眠ってしまうのだから、コナンが施しているのは全身麻酔だと思われる。

全身麻酔に使われる薬の一つ「チオペンタール」は、1回に50～100mLを使うという。また、いちばん早く効くのは静脈に注射したときで、多くの麻酔薬で10秒ちょっとで効果が現れる。

しかし、コナンの使っている麻酔薬の効果は、そんな悠長なモノではない。チュ～ッと注入するのではなく、麻酔薬を塗った針をチクッと刺すだけで、毛利探偵をアッという間に眠らせてしまうのだから！

針に塗れるくらいの麻酔薬とは、せいぜい液体一滴分くらいだろうか。そこで上皿《うわざら》てんびんにスポイトで水を垂らしていくと、20滴で1gになった。つまり水一滴の体積は0・05mL。前述のチオペンタールの使用量50mLと比べると1千分の1だ。また、毛利探偵が1秒で眠るとすると、一般的に効き目が表れるまでの時間10秒と比べても、10分の1。単純な比較をすれば、時計型麻酔銃の麻酔薬は、チオペンタールの1万倍も強力ということ⁉　そんなすごい麻酔薬を、何度も何度も打たれている毛利探偵の健康がモーレツに心配だが……。

超ハイテクな探偵アイテム・蝶ネクタイ型変声機だが、コナンがこれを心おきなく使えるのは、毛利探偵の犠牲的全面協力（本人は無意識だが）のおかげであります。

『あつ森』では、スコップ1本で島の形を変える！
スコップ1本で、だよ!?

スコップ1本で島の形を変える！　これは大人気のゲーム『あつまれどうぶつの森』で日常的に行われていることらしい！　そんな恐るべきことが日常的に!?

このゲームは『どうぶつの森』シリーズの第7弾で、キャッチコピーは「何もないから、なんでもできる」。なんのこっちゃ!?　と思ったけど、舞台が「無人島」なので、ホントに何もないところからスタートするんですね。深々とナットクだ。

プレイヤーは、「たぬき開発」主催の「無人島移住パッケージプラン」に参加して、人の手の入っていない島で新生活を始めることになる。最初は川には橋もなく、崖には階段もないので、まずはDIYで「高跳び棒」や「はしご」を作らねばならない。

楽しそうな無人島ライフだが、ここで注目したいのが「島クリエイター」だ。最初は舗装工事しかできないけど、「ライセンス」を取得すると、崖を作ったり崩したり、川や滝を作ったり……が可能になるという。つまり、島の地形さえ変えられる！

それはスバラシイのだが、その工事の手段が、どう見ても1本のスコップ。スコップだけで島の形が変わる土木工事を!?　どうなってるんだっ、島クリエイター!?


たった2秒で崖を作る!?

筆者はゲームが苦手なので、ゲームの得意な友人に、実際にどんな工事をやっているのかを見せてもらった。

ゲームの前提として、島は正方形の「マス」に分けられている。島全体は、まわりの海も含めて、96マス×112マス。クリエイトできる島の内陸部が64マス×80マスらしい。人間と比較すると、1マスの大きさは、縦横1mほどだ。

ゲームの得意な友人は「では、まず崖を作ってみるね」と言うと、地面を「ザクザク」と掘って、スコップで「ポン」と叩いた。と、これだけで1マス分の崖ができた！　モノスゴク速い！　2秒くらいしかかかってないんだけど⁉　しかも、掘られた土の跡もない！　崖の上は早くも緑の草で覆われている！

崖を崩すときも同じで、スコップで2回突くと「ザク、ボーン！」と崖は消えた。やっぱり2秒くらい。いったいどういうこと⁉　アタマがついていけません！

これは、現実的に考えると大変な労働である。崖の高さは1・5mほどだから、1マス分（縦1m×横1m）の崖を作るには、1・5m³の土を盛り上げなければならない。建物などを建てるには突き固めないと危険で、突き固めた土の密度（体積あたりの重さ）は1m³あたり1・7tほどだから、重量は1・5［m³］×1・7［t／m³］＝2・55［t］。スコップ1本で1回に積み上げられる土の重量を5kgとすると、この労働を510回繰り返さねばならず、休むことなく10秒に1回ずつやったとしても、全部で5100秒＝1時間25分かかる！

青春をかけて工事をしよう！

崖1マスを作るだけでこの騒ぎ。地形を変えるほどの工事だとどうなるのか？
「崖工事」では、平地の上に3段の崖を積み上げることができる。ただし、上の段は下の段より前後左右に1マスずつ狭くなければならない。ということは、最大で次のような崖が作れることになる。

1段目　62マス×78マス＝4836マス
2段目　60マス×76マス＝4560マス
3段目　58マス×74マス＝4292マス

合計1万3688マス。するともう大変なことになる。
積み上げる土の重量は、2・55t×1万3688＝3万5千t！　必要なスコップ往復運動は、510回×1万3688＝700万回！　さっきと同じく10秒に1回ずつスコップ運動を繰り返したとして、所要時間は1時間25分×1万3688＝1万9391時間！　1日に8時間働くなら2423日で、体を壊さないように週休2日にすると、全部で9年3ヵ月かかる！
15歳の春に始めた場合、このクリエイトが完成するのは24歳の夏になります。青春

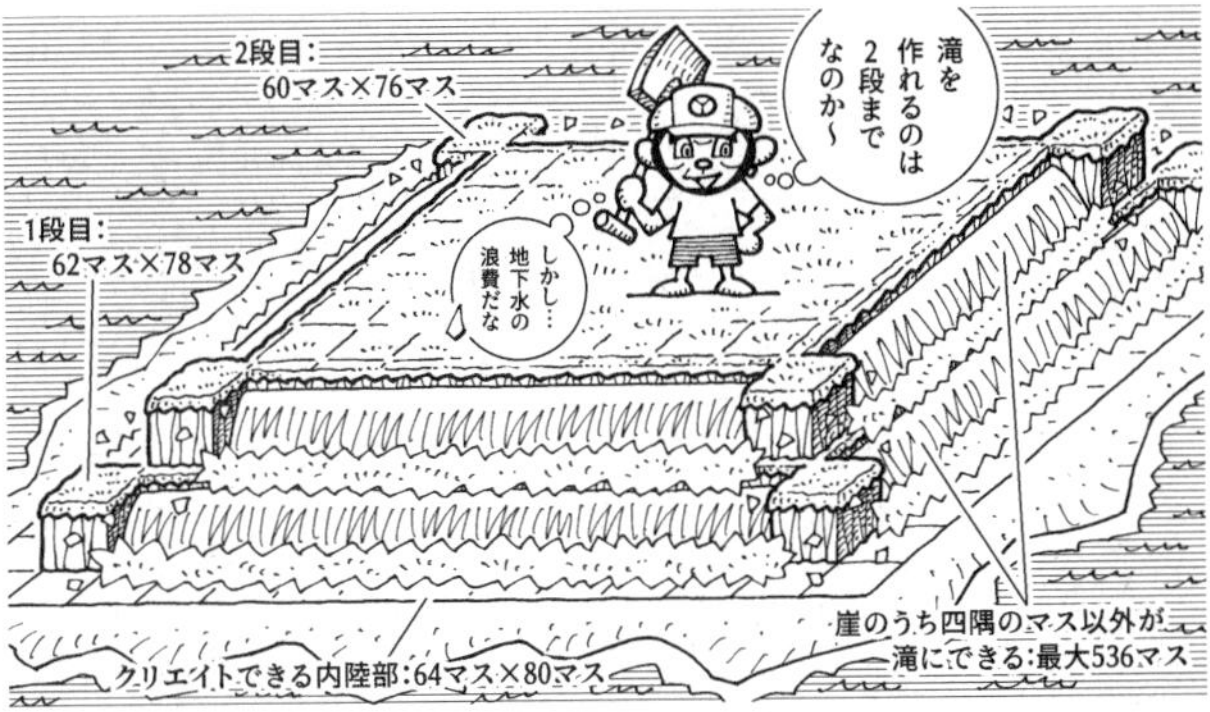

[図1] 最大でこのような滝を作ることができる

のすべてをかけないと、成し遂げられない大工事ということだ。

ところが『あつ森』では、1マス2秒。ってことは2秒×1万3688＝2万7376秒＝7時間36分で、この大プロジェクトを成し遂げてしまえる！　驚異的に速い！

どうなってるんだ、滝!?

島クリエイターは、他にもいろいろなクリエイトを可能にする。筆者が驚いたのは、水関係だ。

地面に穴を掘ると、ひとりでに水がたまって池になる！　掘り方によっては、川になる！　また「3マス×3マス」以上の池や川を掘ると、魚が釣れるようになる！

ゲームをやってくれた友人は、これを「魚がわく」と表現していたが、いやいや、科学的には生物が自然発生することはありません。「ボウフラがわく」とかいうけど、あれだって水たまりに蚊が卵を産んでいるんです。

などと考えながら見ていると、いちばんビックリしたのは滝である。崖の端を上から崩すと滝になり、水が滔々《とうとう》と流れ落ちるのだ！

自然界の滝には、川の途中が段差になったものと、崖から地下水が流れ出してくるものがある。『あつ森』の滝は、上流に川はないから、明らかに後者であろう。地下水の豊富な島ですなあ。

その水量がまた、ハンパではない。測定は難しいが、1マス分の滝から、明らかに毎秒10Lを超える水が流れ落ちている。ゲームの設定に沿って、ぎりぎりいちばんデカイ滝を作ろうと思ったら、最大で536マスの滝が作れるはずで**【図1】**、すると湧《ゆう》水《すい》量は毎秒5・36t。1日に46万3千tだ。1人で暮らすには充分すぎるどころか、日本人が1日に使う生活用水は、1人あたり186L＝0・186tといわれるから、249万人が暮らせる水量である。名古屋市民（232万3796人／2023年2月1日現在）が全員引っ越してきても、水には困りません！

いろいろビックリして、もはや何の計算をしているのか自分でもわからないが、『あつ森』がめっちゃ楽しいゲームであることはよ～くわかりました。

地球を狙う宇宙人は、なぜ日本にばっかり来るのだっ!?

子どもの頃に『ウルトラマン』や『ウルトラセブン』を見ながら、不思議に思っていたことがある。それは、地球の侵略を企てる宇宙人が、日本にばかりやってくること！

筆者が大好きな『ウルトラセブン』は、怪獣よりも宇宙人のほうが多く登場する番組で、劇中では繰り返し「地球は狙われている」とナレーションされていた。約1年間の放送で、登場した宇宙人は38種族。そのほとんどが日本にやってきた。

日本の面積は、地球の全陸地のわずか0・25％でしかない。もし宇宙人が初めから目的地を決めず、テキトーに地表に降り立ったとしたら、日本に来る確率は400分の1のはずなのだ。宇宙人が週1で来襲し、『ウルトラセブン』の放送が10年続いたとしても、日本が舞台になる話は確率的にはたった1回。日本のウルトラ警備隊にいるウルトラセブンは、もうヒマでヒマで仕方がない……。

しかしそうではなく、番組では宇宙人が毎週のように日本を攻めてきた。これと同じ割合で世界中に飛来していたとすれば、地球に来た宇宙人の総数は、1年間で1万5千種族、1日に42種族という計算になる！　地球は狙われすぎであり、もう間違いなく征服されてしまうだろう。

――などと考えると、宇宙人はやはり、日本をピンポイントで狙っているのではないだろうか。すると、それはなぜなのか。

え？　日本で作られた作品だから、地球侵略の舞台が日本になるのも当然？　ほう、そんな冷めたオトナの見方をしますか。

筆者は心配する。本当にそんな理由だったら、それに越したことはない。そうではなく、もしも日本が宇宙人に狙われやすい条件を備えていたとしたら……。

確かに日本がふさわしい

日本には四季がある。降水量も世界47位と多すぎず、少なすぎず、生物が生きるのに適した環境だ。一方で、日本は世界有数の地震大国であり、火山大国である。台風も頻繁に襲来する。

このような地域は、宇宙人の目にどう映るのだろう？　居住や観光が目的なら「住みやすそうだけど、自然災害がちょっと不安かなあ」と微妙に迷うかもしれない。だが、侵略を目的にしているとしたら、違う観点から考えるのではないか。

たとえば、マグニチュード8の地震は石油140万t、大型の台風は1日あたり石油10億tと同じエネルギーを放つ。日本が1年に輸入している燃料は、石油と天然ガスを合わせても2億t強（2019年）だから、莫大なエネルギーだ。もしこれらをエネルギー源として活用できる宇宙人がいたら「ワレワレノ侵略目標ハ日本ダ！」と即決しても不思議ではない。

そう考えると本気で心配になってくるのだが、特撮番組の宇宙人たちは、どんな目的で日本に来たのだろうか。ここでは『ウルトラ』シリーズの宇宙人に注目しよう。

たとえば、『ウルトラセブン』のバンダ星人は、巨大なロボット怪獣クレージーゴンを操って、たくさんの自動車を捕獲した。その目的は「鉄を手に入れること」。彼らは、自分たちの星の鉄資源を使い尽くしてしまったのだという。

この番組が放送された1967年、日本は自動車の生産台数で西ドイツを抜いて世界2位に躍り出た。「だったら、1位のアメリカに行ってくれ」と言いたくなるが、国土面積当たりの台数、つまり自動車の密集度は、アメリカの9倍！　効率的に自動車を集めたいなら、日本を狙うのは理にかなっている。

また、66年放送の『ウルトラマン』では、バルタン星人が日本に飛来した。その目的は、移住先を探す旅の途中で円盤が故障したため、その修理に必要なダイオードを手に入れることだった。ところが来てみたら、彼らが住むのにぴったりの星だったので、目標を侵略に切り替えたのだという。

意外と行き当たりばったりのバルタン星人だが、最初の目的からすると、日本に飛来したのもうなずける。放送に先立つ57年、東京通信工業（現・ソニー）の江崎玲於《えさきれお》奈《な》博士がトンネルダイオードを発明し、同社は世界に先駆けて生産を開始していた、という事実があるのだ。バルタン星人がそれを知っていたとすれば、日本にやってきたのも当然といえよう。

『ウルトラセブン』からもう1例。メトロン星人は、人間を凶暴化させる赤い結晶体をタバコに仕込み、こっそり自動販売機に入れていた。このタバコを吸った人間たちが次々に暴れ始めるため、人々は他人を信頼しなくなり、社会は崩壊する……という悪辣な作戦であった。

放送当時、日本人の喫煙率は先進国のなかでオランダ、イタリアに次ぐ世界3位。男性の喫煙率は、なんと82・3％だったのだ！　そのうえ、世界に類例のないタバコ自販機大国でもあった。メトロン星人に狙われるのも当たり前である。

他の国に行ってくれ！

至極《しごく》もっともな理由で日本を目指した宇宙人は、他にもいる。

『ウルトラマンタロウ』に登場した、きさらぎ星人オニバンバは、外見が鬼にそっくりだった。この宇宙人がやってきた理由は、怪獣図鑑によれば「節分の日に、鬼がいじめられるのをくやしく思って」。節分に豆をまくのは日本だけだから、確かにあんたは、日本に来るしかありませんな。

だって
毒タバコ
作り過ぎ
ちゃって
パンダが
大好きなン
だもン……
モチ～
悪習をぉ
打破
すべくぅ

［図１］目的はさまざまだが、みんな日本にやってくる

また、『ウルトラマンレオ』のバーミン星人は、花咲かじいさんに化けて枯れ木に花を咲かせ、その魔力で子どもたちを眠らせようとした。キミの場合、日本以外でそれをやっても、誰に化けているんだか、全然わかってもらえんでしょう。

『ウルトラマンタロウ』に登場したモチロンは、お餅が大好き。餅は中国や韓国などアジア各地で食されるが、もちろんモチロンが日本に来ても不思議はありません。

一方で、微妙なのが『ウルトラマンA《エース》』のスチール星人だ。この宇宙人が日本に来た目的は「パンダを自分の星に連れて帰ること」。

野生のパンダが生存するのは中国だけだから、なぜ日本に来たのか、理解に苦しむ話である。だが、この番組の放送は73年1月で、前年11月に中国から贈られたパンダの蘭蘭《ランラン》と康康《カンカン》が、上野動物園で初公開されたばかり。当時日本では熱狂的なパンダブームが起きていたのだ。スチール星人は、薬局の店主が蒐集したパンダのぬいぐるみなども盗んでいたから、パンダ関連だったら何でもほしいという熱狂的なマニアだったのかもしれない【図1】。

さらにわからないのは、次のような連中だ。

『セブン』のキュラソ星人は、故郷の星の刑務所から脱獄してきた宇宙人。ガソリンを常食とするため、ガソリンスタンドを襲っていた。日本で石油はごくわずかしか取れないんだから、他を当たってくれ！

『ウルトラマンタロウ』のテンペラー星人は、ウルトラ6兄弟を倒すために地球へ来た。放送当時、兄弟のなかで日本にいたのはタロウだけだ。ウルトラ兄弟を倒したいなら、ウルトラの星へ行きなさい！

『ウルトラマンレオ』の怪獣オニオンは、怪獣図鑑によれば「くだもの、とくにリンゴが大好きで、ニワトリが大きらい。たくさんくだものを食べる目的で、地球にきた」。

放送当時の74年、日本のリンゴ生産高はデータの確認できる13ヵ国中9位である。鶏は29ヵ国中5位。キミの嫌いな鶏のほうが、ずっと多いぞ！

『ウルトラマンタロウ』の宇宙少年ファイル星人は、逃げ出した酔っぱらい怪獣ベロンを連れ戻すためにやってきた。彼が日本に来たのは、ベロンが日本に来たからで、

［図2］酔った勢い。同様の経験があると、優しくしてしまいますなあ

それは納得するほかない。では、なぜベロンは日本に来たのか？

怪獣図鑑の記述によれば「酔った勢い」。うははっ、漫才のオチかっつーの【図2】。

——というわけで、宇宙人たちが日本を狙う理由は、わかったり、わからなかったり。でも、いまのところ、地震や火山や台風のエネルギーを利用しようとする宇宙人はいないようで、それが不幸中の幸いだと筆者は思います。

『ONE PIECE』のミホークは、ゾロの鬼斬りを
ナイフで止めた！　どれだけ強いのか!?

『ONE PIECE』のコミックス100巻目が出たのを記念して、筆者は勝手に空想科学研究所のYouTubeチャンネル「KUSOLAB《クソラボ》」で、『ONE PIECE』の印象的なシーンをいろいろ検証したいと考えた。たとえば、最初のほうだけでも、ルフィが旅に出てから仲間たちに出会い、グランドラインに入り、アラバスタ王国で戦い……と、心に残るエピソードが目白押しですからな。

なかでも筆者が驚いたのは「サバガシラ1号」で、海賊クリークが投げたこの海戦兵器を、サンジが空中で蹴って軌道を90度変えたこと。「これはすごそうだ。ぜひKUSOLABで検証したい」とやる気満々……だったのだが、視聴者の皆さんから寄せられるリクエストのなかに、サバガシラ1号は一つもナシ！「百計のクロの杓死《しゃくし》」や「エースの火拳《ひけん》」や「グランドラインに入る海流」など、言われてみれば確かに気になるシーンが続々寄せられ、筆者イチオシのサバガシラ1号は、日の目を見ずに消えていったのだった……。

そして、視聴者からのリクエストが多かったのが「鷹の目のミホーク」の初登場シーン。ロロノア・ゾロの3本の刀を、ナイフ1本で受け止めた場面だった。なるほど、確かにそれはモノスゴイ行為だ。深々とナットクして、ここで検証してみよう。

セリフが刻々と変化！

ジュラキュール・ミホークの初登場は、コミックス第6巻。世界一の剣豪を目指すゾロは「鷹の目の男」を倒すことを目指していたが、そのミホークと早くも出会ったのだ。

ゾロが「勝負しようぜ」と持ちかけると、ミホークは「哀れなり 弱き者よ」と冷めた目で答える。そして「このおれに刃をつき立てる勇気は おのれの心力《しんりょく》か…はたまた無知なるゆえか」と、重々しい口調で話すのだった。

ゾロとの勝負のあいだも「何を背負う 強さの果てに何を望む 弱き者よ……」「井の中の吠えし蛙《かわず》よ　世の広さを知るがいい」「このまま心臓を貫かれたいか なぜ退かん」「覚えておく 久しく見ぬ〝強き者〟よ」「生き急ぐな……!!　若き力よ…!!!」「己を知り 世界を知り!!　強くなれロロノア!!!」「おれは先 幾年月でも この最強の座にて 貴様を待つ!!」と、重々しく語り続ける。さすが世界最強の剣士ですなあ。

そして、いま示したセリフの変化にも表れているように、ミホークは剣を交えるうちにゾロを認めていく。「弱き者」が「強き者」に変わり、最後は激励しまくりだ。

とはいえ、この勝負はミホークの圧勝！　ゾロは手も足も出ず、全身に傷を受け、あえて生かしてもらった、という状態だった。ゾロは三刀流の使い手だし、日々鍛錬も怠《おこた》らない。それが一方的に敗れるとは、ミホークはどれほど強いのだろうか？

ミホークの強さを考える

ゾロとの勝負で、ミホークは最初から格の違いを見せつけた。ゾロが三刀流で構えるのに対し、ミホークは刃渡り20㎝ほどのナイフを出して「あいにくこれ以下の刃物は持ちあわせていないのだ」。もっと小さなナイフでも勝てると言いたいのだろう。

ゾロは「人をバカにすんのもたいがいにしろ…!!」と突進して「鬼斬《おにぎ》り」を出す！　ところがミホークは、ゾロの3本の刀の交点《こうてん》を、ナイフの先端でガキッと止めた！　するともう、ゾロはまったく動けない……！

その後もゾロは果敢に斬りつけるが、ミホークはそのすべてを簡単に受け止め、ゾロを弾き飛ばし、やがてナイフで胸を刺した。あとは一方的な展開となる。

この勝負、最初の一瞬で決まったといえるだろう。ミホークは、迫りくる3本の刀をナイフ1本で受け止めた。これはもうモノスゴイ行為である。

ゾロの舎弟のヨサクとジョニーは、鬼斬りについて「出せば100％敵が吹き飛ぶ大技なのに!!」と驚いていたが、確かにそういうワザである。『ONE PIECE』の人々はみんなデカいので、ここでは「鬼斬りは、体重120㎏の相手を10m吹っ飛ばすワザ」と考えて計算してみよう。

地球上で物体を10m飛ばすには、最低でも秒速9・9m＝時速35・7㎞の速度を与える必要がある。ゾロの刀の重さが1本1㎏とすれば、3本の合計重量は、相手の体重の40分の1だ。すると、ゾロの刀には相手を飛ばす速度の41倍が必要になる。すなわち秒速406m＝マッハ1・2！

これを、ミホークはナイフ1本で受け止めたのだ。おそらく、自ら突進したりせず、ナイフを構えたまま静かに受けたのだろう。その際、ナイフは微動だにしなかったようにも見えるが、それだと無限大の力が発揮されたことになってしまうから、「鬼斬りを受けたときに、ナイフは1㎝動いて止まった」と仮定する。そういう条件で計算してみると、ミホークが出した力は、なんと2500tということに……！

とはいえ、少々わかりづらいと思うので、別の喩《たと》えをすると、ミホークは「時速80㎞で走る1tの乗用車」をナイフでピタッと止めたのと同じ！　恐るべきヒトである。

ただし、このときのゾロもすごい。時速80㎞で走っている車が一瞬で停められたら、乗っている人は前方につんのめって、フロントガラスを割って飛び出すだろう。いきなり刀がガキッと受け止められて静止したゾロにも、かなりの衝撃があったはずで、腕に力を込めなければ、前方に吹っ飛んだに違いない。飛ばなかったということは、ゾロも2500tの力を出したと思われる**【図1】**！　ミホークが認めたのも当然だ。

すごいぞ、サバガシラ1号！

ここで、ついでに「サバガシラ1号」について書くと、これを蹴ったサンジも、や

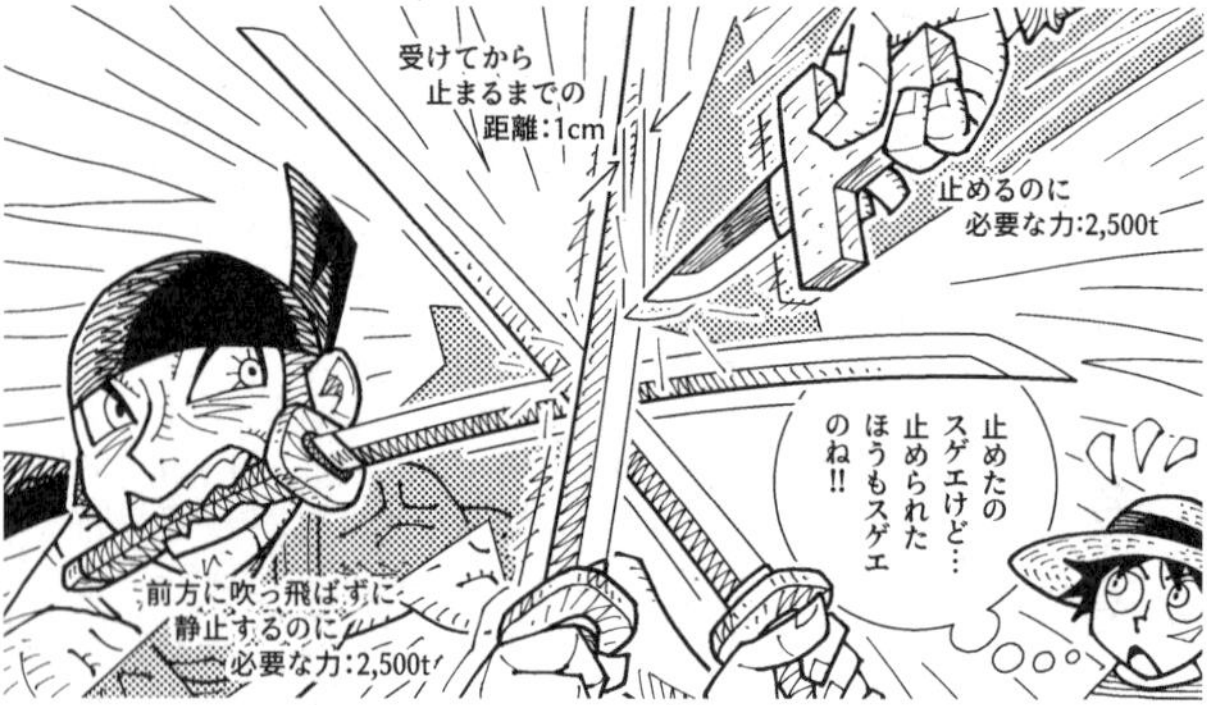

［図１］鷹の目の男もスゴイが、三刀流の漢《おとこ》もスゴイ

っぱりすごいです。海戦兵器サバガシラ1号は、全長10ｍほどで、推定重量は10ｔ。作中では、これが時速80㎞で飛んだと見られるのだが、サンジはそれを蹴って軌道を90度変えたのだ。

サンジの体重を70㎏とすると、サバガシラ1号の140分の1でしかなく、それでも軌道を変えたということは、全身の平均速度はなんと時速1万6千㎞＝マッハ13だったことに！　そしてキックの速度はマッハ330だったことに！　その衝撃力は5千ｔだったことに！

すみません、ドサクサに紛れて、書いてしまった。『ONE PIECE』はどのシーンもすごくて、書かずにいるほうが大変なのだ。

『星のカービィ』は、頭と体が一体化！
骨格が気になって仕方がない！

『星のカービィ』の主人公・カービィ。

いうまでもなく、すごいヒトである。どんなものも吸い込んで、その姿や力をコピーすることができる。空気を吸い込んで体を膨らませ、手をパタパタ動かして飛ぶこともできる。またミニゲームでは、かちわりメガトンパンチで自分の星・ポップスターにヒビを入れたり、飛来した隕石をバットで宇宙へ打ち返したり……という豪快なこともやっている。

どれもこれも「なぜそんなコトができるの!?」と気になって仕方がないが、カービィにはそれ以外にも、モーレツに気になる謎がある。

このヒトの骨格はいったいどうなっているんだっ!?

彼の体はまん丸。具体的には、直径20㎝ほどの球形で、前面に顔が、両脇に腕が、下部に足があり、頭部と胴体の境目がない。とってもかわいいが、とっても不思議でたまりません。

体内の骨格がどうなっていれば、あのような体形になるのだろう？　われわれ人間とは大きく違うし、それどころか地球全体を見渡しても、あんな体形の生物はいないのだが……。

本稿では、ヒジョ〜に気になるカービィの骨格を想像してみよう。

パーツは人間と同じ?

骨格とは「どんな骨がどのように組み合わさっているか」ということだが、そもそもカービィに骨なんてあるのだろうか?

あるでしょうなあ。もし骨がなかったら、筋肉だけで運動していることになる。筋肉だけで運動する動物といえば、タコ、イカ、貝、カタツムリなどの軟体動物、クラゲやイソギンチャクなどの刺胞《しほう》動物、ミミズやヒルなどの環形《かんけい》動物……などなど、動きの緩慢《かんまん》なものばかり。われわれが走ったりジャンプしたりできるのは、関節でつながった骨を筋肉で動かしているからだ。カービィがジャンプして前方回転したり、武器を振り回したりできるということは、少なくとも手足には骨があるに違いない。

またカービィは、自分の置かれた状況に的確に対応し、次の展開を予測するなど、高い知能を持っている。ここから脳があることは確実で、ということは脳を守る頭蓋《ずがい》骨《こつ》もあるのだろう。

さらに、得意の「すいこみ」をするには、肺が必要だ。肺が空気を吸い込めるのは、肺に筋肉があるからではなく、肋骨《ろっこつ》という入れ物に入っていて、下の開口部で横隔膜が動くから。横隔膜は緩んだときはドーム状に、縮むと平らになって、空気が肺に吸い込まれる。つまり肋骨もあると考えられる。

当然これらの骨々は、人間の背骨にあたる骨に関節や腱でつながっているはずだ。さらに手足を滑らかに動かすには、腕の骨がつながる肩甲骨《けんこうこつ》と、足の骨がつながっている骨盤も不可欠だ。

ややややっ。こんなふうに考えると、カービィの骨格も、パーツはわれら人類とほぼ同じなのでは……という話になってくる。まあ、当然でしょうなあ。形は違っていても、人間とまったく同じ動きができるのだから。

すると不思議である。骨のパーツが同じだとしたら、なぜわれら人間とカービィは、なぜこんなにも体形が違うのだろう？

考えられるのは、パーツの形と大きさ、そして、組み合わさり方が大きく異なるということだ。カービィは、球形の体から手足が生えている。ひょっとしたら、頭蓋骨に直接、肩甲骨や骨盤がついているのか？

いやいや、それだとカービィ最大の特徴である「すいこみ」に必要な肋骨の入る余地がなくなってしまう。

しかもその前提では、手足の筋肉が頭蓋骨についていることになる。そんな骨と筋肉の構造だと、歩いたり武器を振り回したりするたびに、カービィは顔が歪《ゆが》んでしまう。手を前に出すとシカメッ面になり、後ろへ反らすとヒラメ顔になり……。

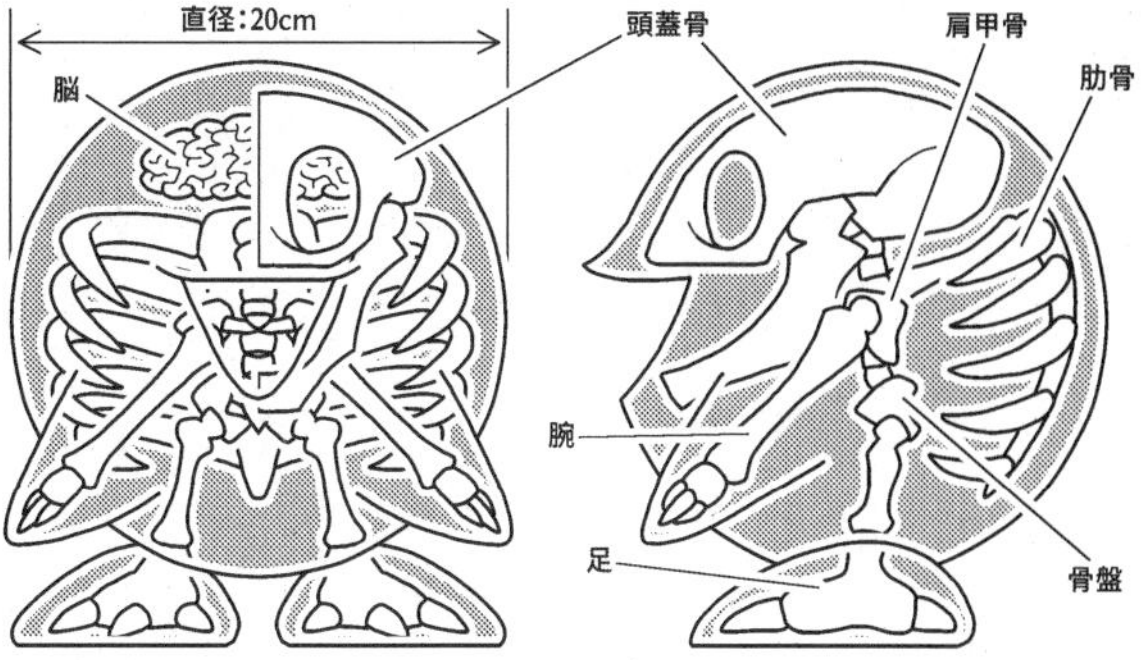

[図1] 筆者が想像した骨格図。懸命に考えたんだけど、不気味ですみません

これが骨格、かなあ!?

もちろん実際のカービィは、そんな不気味な百面相など演じてはいない。ということは、肩甲骨や骨盤は、われわれヒトと同様に、頭蓋骨から独立していると考えざるを得ない。にもかかわらず、カービィの腕は、まごうことなく目の真横についている。うーむ、この事実をどう考えればいいのやら……。

考えに考え抜いた挙句、筆者が思い至ったカービィの骨格構造とは、**［図1］**のとおりである！

腕の付け根と目が同じくらいの高さにあるということは、頭蓋骨が体の前面に張り出している……はず。人間と比べるとなんとも不思議な感じだが、顔と腕の位置関係を考えれば、この構造しかないと思うのだ。

こういう骨格なら、カービィの腕の動き方

も納得できる。

われらヒトの腕は、肩を中心にして前後や上下に動く。だがカービィの場合は、腕を上下に動かすと、腕の付け根、つまり人間だったら肩に相当する部分も上下に移動する！　筆者はこれをまことに不可解と思っていたが、想像図のように肩の関節が体の奥にあり、腕の先端だけが体表から突き出していると考えれば、その動きになるかもしれない。

またカービィは、腕を上げても、下げても、真横に伸ばしても、その長さが変わらない。こういうことが起こり得るのは、肩の関節が球形をした体の中心にあるときだけだ。つまり、カービィの左右の肩甲骨はきわめて小さく、体の中心近くに２つ並んでいるに違いない。

これは足も同様だ。カービィの足は、フトモモやスネ、つまり英語でいう「レッグ」がなく、「フット」だけが体の下部を滑るように動く。このような動きが可能なのは、骨盤がやはり体の中心部にあり、レッグが体内に埋もれている場合に限られるだろう。

すると困ってしまうのが、肋骨の位置だ。肩甲骨も骨盤も体の中心部にあるとしたら、本来はその中間にあるべき肋骨の収まりどころがなくなる。空いたスペースと言えば、もはや背骨の後ろしかない。肺は当然、肋骨の内部にあるから、背骨の後ろ側に張り出していると考えるしかない……。

などなど、さまざまに悩み抜いて完成したのが、前掲の骨格想像図なのです。

胃はどこにある？

自分で想像しといて言うのもナンだけど、この骨格図、全然カワイくない！　カービィの愛らしさとかけ離れている！

おまけに、大きな問題があるではないか。食べたものは、どうなる？

カービィは、普通の食べ物も盛大に食べるから、胃や腸も間違いなくあるはずだ。人間の胃腸は、肺の下にあり、骨盤に支えられているが、カービィの骨盤は想像図のように、体の中心に小さくまとまっているはずなので、胃や腸を支えることができない。するとカービィの胃腸は宙ぶらりん!?　それだと胃も腸も垂れ下がり、人間なら「ポッコリお腹」になるところ、カービィは「ポッコリお尻」に……。

う〜む。いよいよ、どう考えるべきか。ひょっとしたら、体よりはるかに大きなものを吸い込むカービィの口は、宇宙のブラックホールかどこかにつながっていて、胃とか腸は必要ないのか。あるいは、カービィにとっては空気と食べ物の区別はなく、食べ物も肺で消化できてしまうのか……。

ああ、この問題は超ムズカシイ。筆者の頭蓋骨はバラバラになり、脳はどこかに吸い込まれていきそうです。まあ、現在の生物とはぜんぜん違う世界の存在なのだと思えばアッサリ解決してしまうけど、カービィの骨格問題、皆さんはどう思われますか？

『ポケモン』ランターンの光は、
深海5千mから海面に届く!? それは大変だ!

「ランターン」という名前だけで、すぐにピンときたあなたは、なかなかのポケモン通である。

このヒトは「たかさ1・2m　おもさ22・5kg」のライトポケモンで、魚のような姿。パッチリとしたつぶらな瞳を持ち、頭から伸びたツノの先には黄色いボールが2個ついている。まことにかわいいが、すごい武器を持っているわけではないし、どちらかというと地味なポケモンだろう。同じく深海に棲むネオラントと、エサを奪い合ったりしているという。

ポケモンのなかには、危険な力を持つものも多くて、たとえばルギアが翼をはばたくと嵐が40日間も続き、バンギラスが暴れると地形が変わってしまうらしい。レシラムが尻尾から炎を出すと世界の天気が急変し、ゼクロムは稲妻で世界を焼き尽くすという。いずれも、一歩間違うと、地球を壊滅させるかもしれない能力だ。

だが、昔から「人は見かけによらない」と申しますように、ポケモンも外見や攻撃力だけで判断してはいけません。

科学的に考えるならば、小さくてかわいらしいランターンこそ、ビックリするほど恐ろしいポケモンなのだ！

超深海から、光が届く!

ランターンの何がそんなにすごいのか。

それは、頭のうえの2つのボールが放つ光が、きわめて強烈らしいことだ。『ポケモン全キャラ大図鑑』(小学館)には「まぶしい光をはなって、相手の目をくらませ、動けない間にまるのみにしてしまうぞ」と書いてある。

また、『ポケモン全キャラ大事典』(小学館)には、オーキド博士がコメントを寄せているのだが、これが実にコワイ。

「ランターンの光は5000メートルの深さからも水面にとどく明るさじゃ。夜に海底を見ると光が星空のように見えることから〝深海の星〟ともよばれとるぞ」。

深海の星とは、ずいぶんロマンティックな響きである。だが、水深5千mから水面にまで届く強烈な光を、そんな甘い言葉で形容していいのだろうか。

水は透明だから、光をいくらでも通しそうな気がしてしまう。だが、透明度の高い水でも、すべての光を透過させることはなく、わずかに跳ね返したり、吸収したりする。

さまざまなものが溶けている海水となると、なおさらだ。『深海生物学への招待』(長沼毅/NHKブックス)によれば、どんなに清澄《せいちょう》な海でも、水深100mまで届く光は、海面の100分の1程度だという! 残る100分の99は、水に遮《さえぎ》られて届か

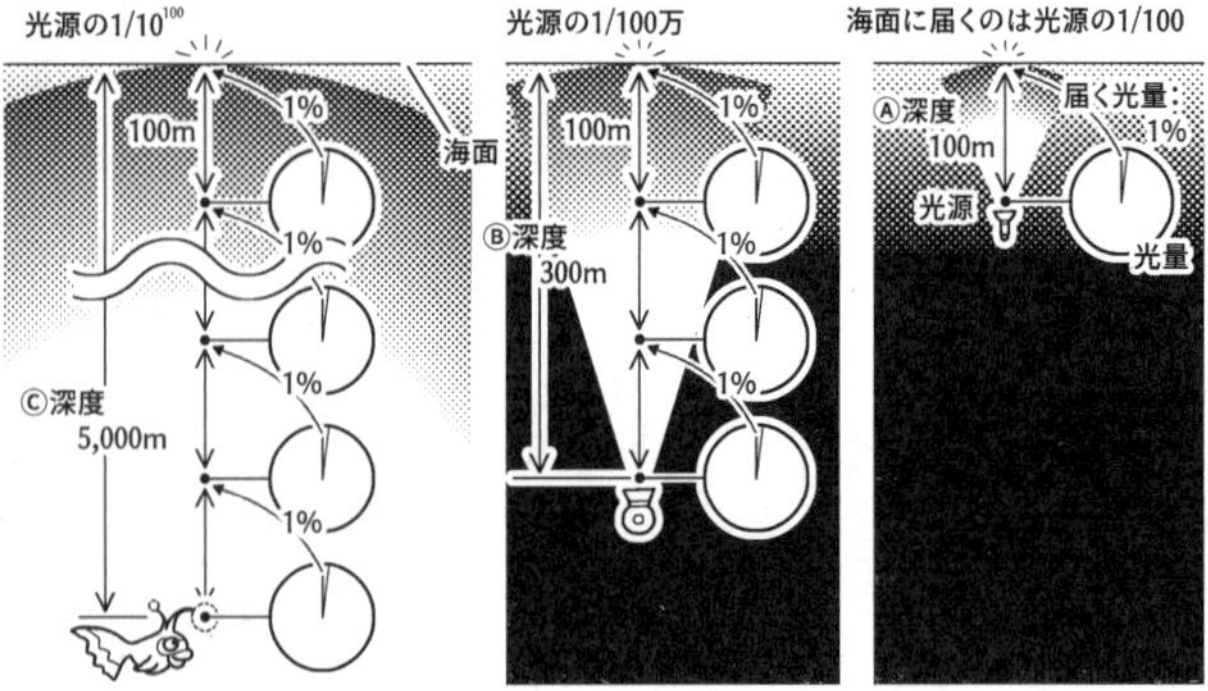

［図1］深海5,000mの光が、海上まで届くとはビックリなのだ

ないのだ。

これは恐るべきことである。届く光が、水深100mで「100分の1」に減るということは、さらに100m深い水深200mでは「100分の1」の「100分の1」、つまり1万分の1になる。水深300mだと、「100分の1」×「100分の1」×「100分の1」で100万分の1。このように、海水を通り抜ける光は、100mごとに100分の1に減っていってしまう【図1】。

すると、水深5千mの場合は、「100分の1」を50回繰り返すことになる。

具体的にどうなるかというと、10000000000000000000000000000000000000000000000000000000000000000000000000000000000000

００００００００００００００分の１！

　０の個数は実に１００個であり、日本語でもっとも大きな数を表す「無量大数《むりょうたいすう》」でさえ、１のあとにつく０の個数は68個だから、もはや日本語では表せない数ということだ。

　こんなに弱くなっても、「深海の星」にたとえられるほど、海面からもはっきり見えるというランターンの光。水深５千ｍの海底では、いったいどれほどの光を放っているのだろうか？


あのゼットンよりもすごい！


　ヒントになるのは、オーキド博士の「夜に海底を見ると光が星空のように見える」というコメントだ。これは、海の底でぼうっと淡く光っている……というくらいの見え方だと思うが、それでも肉眼で見えることは間違いない。そこで、海面から見えるランターンの光の明るさを、肉眼でギリギリ見える６等星と同じと仮定しよう。

　それでも、油断してはならない。繰り返すけど、海水を通過するうちに、光は１００……（０が１００個）分の１に弱くなる。そして、光というものは、距離が遠くなるほど暗くなる。その二重の減弱《げんじゃく》を受けてなお、その明るさに見えるということなのだから。

光の明るさは、電力にも使われる「W」や「kW」で表すことができる。1kWとは、もちろん1千Wだ。

では、ランターンが水深5千mの深さで放っていた光はどれほどか？　計算してみて、ワタクシは驚愕しました！

３４00000000000000000000000000000000000000000000000000000000000000000000000000000000000000000000（0が94個）kW！

これは本当に恐ろしい数字である。えっ、太陽より明るいか？　いやもう、そんなモノは比較になりません。全宇宙の星が放つ光の56000000000000000000000000000000000000000000000000（0が48個）倍。つまり、現実の世界には存在しない明るさということだ。

もちろん、空想科学の世界にはズバ抜けたツワモノもいて、たとえば宇宙恐竜ゼットンはすごかった。『ウルトラマン』の最終回で、われらがヒーローを倒した憎むべきヤツで、このゼットンは身長60m、体重3万tながら「1兆度の火球」を発射する。あまりに超高温のため、猛烈な光を放つが、それでも光の強さは180000000000000000000000000000000000000（0が37個）kWだ。

それに対して、体長1・2m、体重22・5kgのランターンが放つ光は、ゼットンの火球を57桁も上回っている！　もう比べ物にならないほど強いのだ！

ランターンが発する、すさまじいまでの灼光《しゃっこう》。人間がこれを直接目で見たら、どれほど眩《まぶ》しいだろうか？　などと心配になるが、いやいや、眩しいどころの騒ぎではない。

宇宙が滅亡してしまう！

ランターンの光が、深海5千mから海面上に届くまでに1000……（0が100個）分の1にまで弱くなるということは、そのエネルギーはほとんど海水に吸収されるということだ。ここで吸収されたエネルギーは、どうなるのだろう？

答えは「熱に変わる」。つまり、全宇宙の星が放つ光の56000……（0が48個）倍もの光のエネルギーが、ほぼまるまる、熱に変換されるのだ。

そんな熱を受けたら、地球の海など一瞬で蒸発する。いや、地球さえ瞬時に蒸発する。あなたも私も電光石火で蒸発。幸か不幸か「うわ、眩しい」などと思うヒマなどない。

そして、もしランターン自身が蒸発しないとすれば、このライトポケモンはたった一人、宇宙に取り残されることになる。ポケモン図鑑にあった「目をくらませ、動けない間にまるのみに」しようとした相手も、もちろん、もういない。

その後、海水などのランターンの光を遮るものはなくなって、それは全宇宙に向かって放出される。これほど強烈な光は、そのほとんどが生物に有害なγ《ガンマ》線になる。これによって生物が死滅する範囲は、ゼットンの場合は半径402光年だったが、ランターンの場合はそんなレベルでは済まない。3100000000000000000000000000000（0が29個）光年！

なんと、いま考えられている宇宙の半径を20ケタもオーバーしてしまう！　ということは、全宇宙が滅亡してしまう！

オソロシイ。あまりにもオソロシイ。そして、こんな恐ろしいキャラクターが、どちらかというとマイナーな存在だとは……。いやあ、深い。ポケモンの世界は、深海のように深い。

『源氏物語』では、光源氏の涙で
枕が浮いた！　どんだけ泣いたんだ!?

空想科学研究所では、２００７年から希望される学校の図書館に「空想科学 図書館通信」を無料で配信していて、そこでは毎週一つずつ生徒たちの質問に答えている。ときどき先生から質問をいただくケースがあるのだが、この問題もその一つだ。

『源氏物語』は平安時代に紫式部によって書かれた物語で、「世界最古の長編小説」ともいわれている。主人公は、イケメンでいろいろ才能も豊かな光源氏。幼くして母を亡くしたこともあり、母に似た女性を見るや、道ならぬ恋に落ちてしまい、それも一人や二人じゃなくてもうウヒョウヒョと……という、いまだったら何度も謝罪会見するような人生である。でも、高校の古文の時間には必ず習うのである。大学入試にも出るのである。不思議である。

で、この光源氏がある晩、波の音を聞いているうちに「涙おつともおぼえぬに枕うくばかりになりにけり」。質問をくださった先生が添えてくれた現代語訳によれば「気がつくと、涙の海に枕が浮かぶほどになっていた」。うっひょ〜、泣いたものですなあ！

質問をくれた先生は高校の古文の授業中、生徒に「どれくらい泣くとこうなるのですか？」「こんなに泣いて、光源氏は死なないのですか？」と聞かれ、ちょっと困ってしまって、筆者のところに質問されたのでした。

この問題、たいへん興味深いので、ここで読者の皆さんにも紹介したい。もちろん「枕が浮く」というのは光源氏の悲哀の深さを示す比喩だが、まことに味のある表現ではないですか！

どれだけ泣いたら、枕が浮く？

それにしてもこの光源氏、何が悲しくて、枕が浮くほどの涙を流したのだろうか。

このエピソードが書かれているのは「須磨《すま》」の帖《じょう》。道ならぬ恋が発覚して（何度目なんだ⁉）、都を逃れた源氏は須磨（現在の兵庫県）に隠れ住む。そこでは仕える人も少なく、その人たちも寝静まった深夜、波の音を聞いているうちに悲しみが募って泣いた……ということらしい。

うーむ。何か事件があって泣いたわけでもなく、どうやら都に思いを馳せて感傷的になったみたいなんだけど、そもそもモノスゴク自業自得な気がしますなあ。

日本を代表する古典の主人公を、貶《けな》している場合ではない。まずはどんな枕だったのかを知りたいが、『源氏物語』の世界を絵にした『源氏物語絵巻』には、木の枕が描かれているという。なるほど、寝心地はともかく、木の枕なら水に浮くであろう。

調べてみたところ、木の枕は奈良時代から使われ、素材は桐《きり》や檜葉《ひば》だったという。

乾燥した桐の密度は、水の0・25倍。檜葉は0・4倍。すると、枕が直方体だったとすれば、桐なら枕の高さの25％、檜葉なら40％の深さ以上に涙が溜まれば浮かぶことになる。ここでは、涙の量が少なくて済む桐で考えよう。

問題は枕の高さだが、筆者が本を重ねて寝やすい高さを作ってみたところ10㎝だった。源氏の枕も高さ10㎝だとすると、彼の涙は最低でも10㎝の25％、つまり2・5㎝の深さまで溜まったことになる。

その場合、涙の総量はどれほどか？　それは彼の寝ていた部屋の広さによって変わってくるが、源氏は高貴な方だから、隠棲《いんせい》先の仮住まいもかなりの広さがあったのではないだろうか。現在の規格で8畳とか、12畳とか……？

あんまり広いと、涙の量が莫大になってしまうので、ここは8畳で手を打とう。もちろん、床に隙間がなく、部屋が敷居などで囲まれていて涙が溜まりやすかったと考える（木造建築だと考えにくいが、とりあえずそう考える）。

現在の1畳は1・656㎡。すると8畳で13・2㎡。ここに2・5㎝の深さまで溜まった涙の量は、なんと330L。家庭用の標準的な浴槽の1・6倍である**【図1】**！

まずい。光源氏のイメージが……

おフロ1・6杯分も泣いて、源氏は大丈夫だったのか？

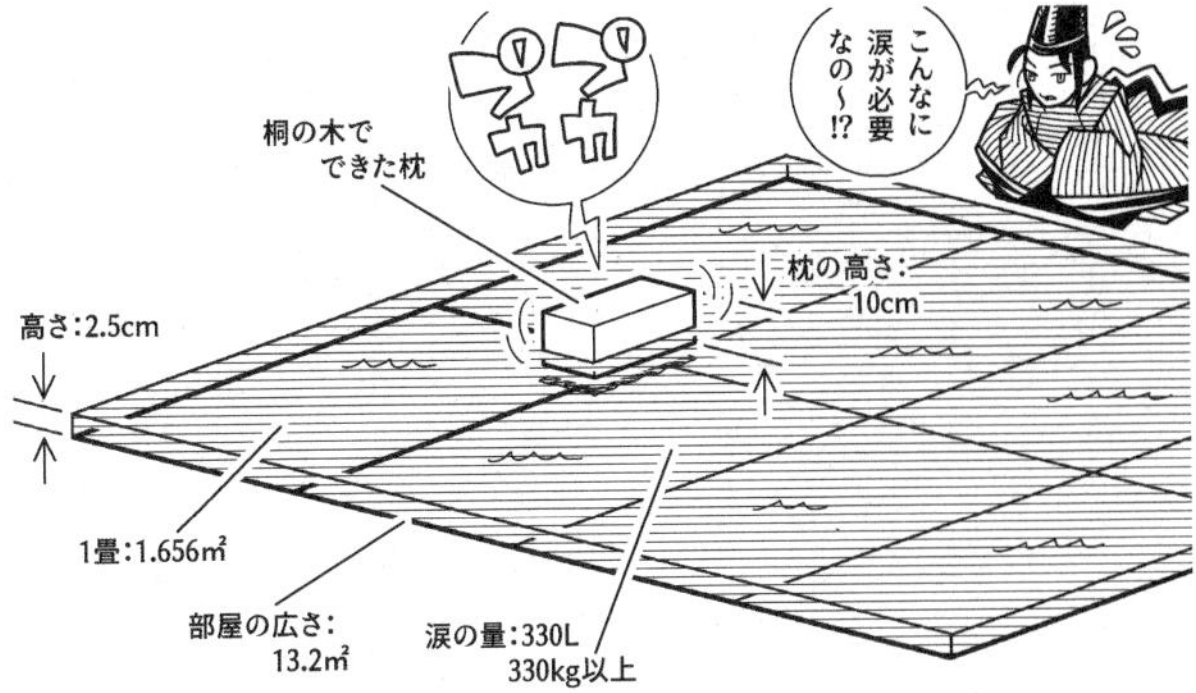

[図1] 自業自得かもしれないけど、これほど涙を流すのは大変であろう

大丈夫なわけはありません。３３０Ｌの涙とは、３３０kg。人間は体重の10％以上の水を失うと脱水症状を起こして命が危なくなるが、そんなレベルどころか、明らかに源氏の体重を超えているっつーの。

美男子で名高い光源氏も、『源氏物語絵巻』では小太りに描かれている。当時はそれがイケメンの条件だったのかもしれないが、それでも体重はせいぜい70kgだろう。単純計算すると、涙が５㎜溜まった時点で、涙の重さが体重を超え、光源氏はこの世から消滅してしまいます。

そんなアホな話はないだろうから、すると源氏は柄杓《ひしゃく》などで水をグイグイ飲み、水分補給を続けながら泣いたのだろうか？　あるいは、３３０kgの涙を流したけれど、それが体重の10％未満だったので、脱水症にもならなかったということか？　後者なら光源氏の体重は3・3t以上、推測される身長は6mほどということになるが……。

ま、まずい。このまま突っ走ると、日本が世界に誇る『源氏物語』の世界をぐしゃぐしゃにしてしまって、光源氏ファンや研究者からめちゃくちゃ叱られそうだ。

しかし、筆者にはもう一つ、どうしても気になることがある。光源氏は、これだけの涙をどれほどの時間で流したのか、という問題。「涙おつともおぼえぬに」、つまり自分が泣いているのに気づかないとは、いったいどれくらいの時間なのだろう？

1時間だとしたら、1秒に流した涙は92mL。毎秒コップに半分ぐらいがジャバジャバ流れたわけで、これに1時間も気づかなかったら、よほどウカツな人である。

だったら1分？　その場合、放涙量は毎秒5・5L。当時は美男美女の条件とされたあの細い目が、幅5㎜、長さ4㎝だとしたら、噴射される涙のスピードは時速50㎞。真上を向いたら、涙は高度9・7mまで吹き上がる！　わあ、ちょっと見てみたい！

喜んでいる場合ではない。筆者がアレコレ考えると、どうしても『源氏物語』の世界がブチ壊れてしまう。念のためにもう一度書きますが、「枕が浮くほど泣いた」というのは、あくまでも比喩表現。それを真正面から科学的に計算すると、こんなスットコドッコイの話になる……ということであって、『源氏物語』が、雅《みやび》な世界観に彩られた不朽《ふきゅう》の古典であることに変わりはありません。怒んないでね。

『鋼の錬金術師』マスタング大佐は、
指パッチンで炎を出す。 仕組みを知りたい！

『鋼《はがね》の錬金術師《れんきんじゅつし》』はモーレツに面白くて、ヒジョ～に深いマンガである。

たとえば、主人公のエドワードは、「市場に行けば子供の小遣いでも全部買えちまうぞ」という言葉で、人体がありきたりの物質でできていることを強調した。でも同時に「今の科学ではここまで判っているのに実際に人体錬成《れんせい》に成功した例は報告されていない」「〝足りない何か〟がなんなのか…何百年も前から科学者達が研究を重ねてきてそれでも未だに解明できていない」とも。いやあ、こう言われると「人間とは何か？」としみじみ考えてしまうではありませんか。

また、このマンガを貫く価値観の一つが「等価交換」。エドたち錬金術師は地面から壁を出現させるなど、さまざまなものを錬成できるが、無から有を生み出すことはできない。質量保存の法則と同じように、何かを作り出すためには、必ずそれに見合う材料が必要なのだ。だからこそ、死んだ母親を錬金術で甦らせようとしたエドとアルフォンスの兄弟は、代償として体の多くの部分を失ってしまう（そのうえ、錬金術は失敗）。とても切ないが、こういう科学的な視点で描かれた世界観には、まことにココロ惹《ひ》かれるものがある。

さて、そんな『鋼錬《ハガレン》』世界で、ぜひとも注目したいのがロイ・マスタング大佐である。イケメンで、階級も高くて、野心家。一方で、女好きで、ヌケたところもあって、部下に「雨の日は無能なんですから、下がっててください」と言われたりもする。

彼は「焰《ほのお》の錬金術師」とも呼ばれているのだが、その二つ名のとおり、指パッチンすると、火花が放たれて空中を走り、相手の目前で爆発的な炎が上がる！　部下のハボック少尉によれば、それができるのは「大佐の手袋は、発火布《はっかふ》っつー特殊なのででできててよ。強く摩擦すると、火花を発する。あとは、空気中の酸素濃度を可燃物の周りで調整してやれば……『ボン！』だそうだ」。

なるほど、モノが燃えるためには、①可燃物、②酸素、③着火または高温が必要だが、マスタング大佐の指パッチン爆発は、これを満たしているようだ。

とはいえ、マスタング大佐の指パッチンで本当に炎が出せるのか。本稿ではこれを考えよう。

酸素濃度の調節が大変そう

ハボック少尉の説明から、指パッチン火炎には、①「発火布」の手袋で火花をおこす。②可燃物の周囲の酸素濃度を調節する……という二つの工程が必要だとわかる。

発火布も気になるが、ここで注目したいのは②の「酸素濃度の調節」だ。

酸素濃度が高い環境では、木や紙やロウは激しく燃えるし、鉄でさえバチバチ火花を上げて燃える。そもそも「燃える」とは、物質が酸素と結びつくことなのだ。

でも、可燃物の周囲だけ酸素濃度を高くする、というのはモーレッに難しいと思われる。気体や液体の分子は激しく動き回っていて、自然界には「動き回るものは、均等に混ざり合う」という法則があるからだ。

たとえば、熱湯と水を混ぜたときに「ある場所は10℃、別の場所は80℃」ということは起こらない。学校の昼休み、生徒たちが駆け回る校庭をふと見れば「右半分は全員女子、左半分は全員男子だった！」などということも、まず起こらない。同じように、空気中でも、ほぼ80％の窒素、20％の酸素、その他わずかな気体が、均等に混じり合っている。そうした現実のもと「ある場所だけ酸素濃度を高くする」ためには、この自然の摂理《せつり》に逆らう必要がある。

話を簡単にするために、酸素と窒素だけで考えよう。気温20℃のとき、空気1㎥には合計25兆×1兆個の酸素と窒素の分子が含まれている。酸素はその20％の5兆×1兆個、窒素は残りの20兆×1兆個だ。

ここで、体積1㎥の領域の酸素濃度を2倍に増やそうと思ったら、領域外から酸素5兆×1兆個を呼び込み、同時に同じ数の窒素を追い出さなければならない。アラビア数字で書くと、酸素5000000000000000000000000個を領域外から呼び込み、代わりに窒素50000000000000000000000000

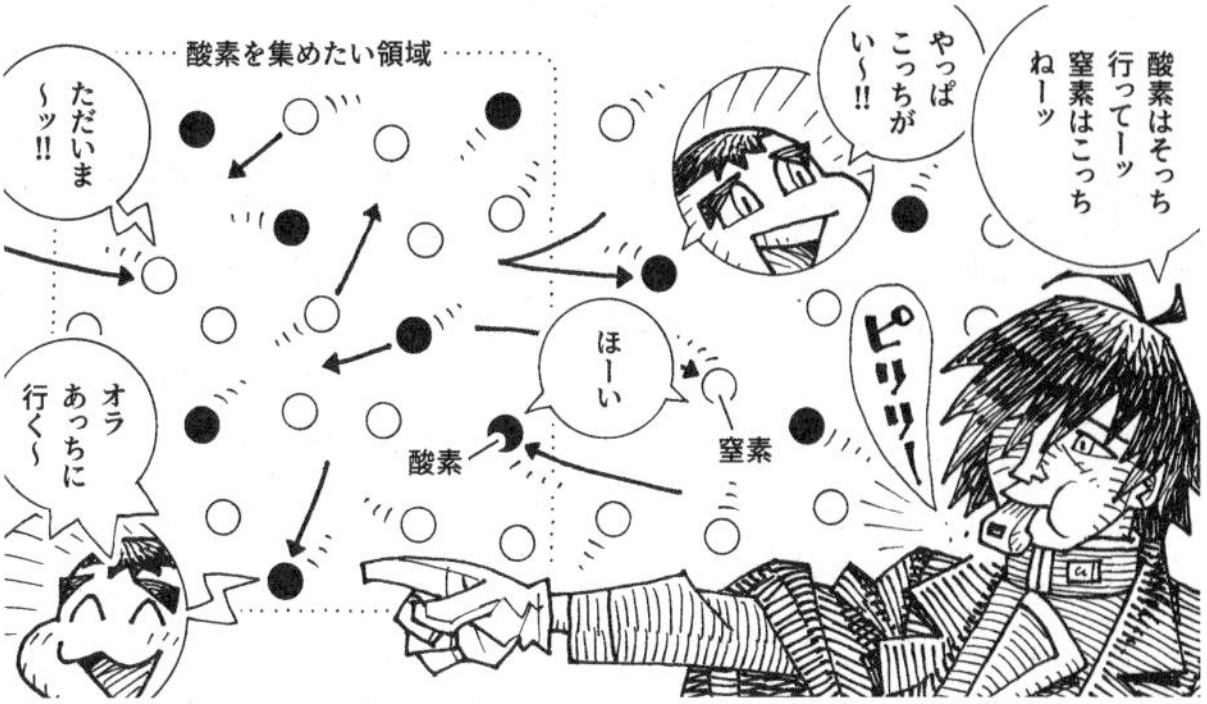
酸素はそっち行ってーッ窒素はこっちねーッ
やっぱこっちがい～!!
ピリリー!
ほーい
窒素
酸素
酸素を集めたい領域
ただいま～ッ!!
オラあっちに行く～

［図１］保育園の先生よろしく、酸素と窒素の分子を移動させねばならない

00個を追い出すということ【図1】。

マスタング大佐がどうやってこれを実践しているのか不明だが、仮にできたとしても、数がモノスゴイうえに、激しく動き回っているから、たちまち均等に混じり合ってしまうだろう。

できれば動かないでほしいが、分子が動きを止めるということは、固体になるということ。すると、その場にボタッと落ちる……。むむむ、どうすりゃいいんだか。

垢を漂わせてドカーン!

酸素の濃度を高めても、それだけで爆発が起こるわけではない。燃えるには可燃物が必要だ。相手のすぐ近くの空間に、可燃物を漂わせておく必要があるが、それはいったい何か?

ホムンクルス（賢者の石を核とした人造生命）のラストと地下室で戦ったとき、ラストは水道管を切断し、大佐の手袋を水浸しにした。発火布は濡れると火花が出せなくなるから、大佐の技を封じる作戦だ。ところが大佐は、床に溜まった水に手を当てて、こう言った。「大量の水があるという事は、大量の水素もあるという事だ。可燃性ガスは錬成し放題、加えてこの密閉空間」。直後、ハボック少尉がライターに火をつけてラストに投げると、大爆発した！

水は、水素と酸素でできている。大佐は床に溜まった水を、水素と酸素に分解したのだろう。水素は可燃性ガスであるうえに、水から水素を作れば、必ず酸素も発生するから、密閉空間のなかでは、自動的に酸素濃度も上がる。スバラシイ一石二鳥ですなあ。

だが、水のないところでは、どうしているのだろうか。砂漠地方のイシュヴァールでも、大佐は盛んに炎を出していたが。

筆者が思うに、可燃物は相手の体から調達したのではないだろうか。人体を作るタンパク質や脂肪は可燃物なのだ。

だからといって、錬金術を使ってお腹の脂肪などをガリガリこそぎ取ったりしたら、さすがに相手に気づかれてしまいそうだ。よって、垢《あか》や角質や皮脂《ひし》など、削っても痛くないものを錬金術でそ〜っと削り、粉末にして漂わせておくのがおススメです。

小麦粉でさえ、もうもうと漂わせて火をつけると、爆発的に燃焼する。酸素濃度を上げたうえに、垢を大量に漂わせておいて発火布で火をつければ、盛大に爆発するのは間違いない。

恐怖の目ン玉沸騰！

このように考えれば、マスタング大佐は相手の前で爆発を起こすだけではなく、可燃物である人体そのものを燃やすこともできるのではないか。そう思ってマンガを読んでいくと、おおっ、やはり恐るべき攻撃を見せたではないか。

それは、親友のヒューズ中佐を殺害したホムンクルス・エンヴィーとの戦い。エンヴィーがヒューズ中佐を侮辱すると、舌だけを焼く！　苦しむエンヴィーが怪物の姿に戻ると、その両目だけを焼く！　やはりこの人、相手の体をピンポイントで焼くこともできるのだ。

両目を焼かれて苦悶するエンヴィーに、怒りマックスの大佐はこう言った。「眼球内の水分が沸騰する気分はどうだ？　想像を絶する痛さだろう？」。眼球内の水分が沸騰！　むええ〜っ、それはもうメチャクチャ痛そうだ。

目は刺激に敏感だ。手などにくっついても平気な小さなゴミでも、目に入ろうものなら猛烈に痛いのはなぜ？　それは痛みを感じる「自由神経終末《じゆうしんけいしゅうまつ》」が、他の部分よりたくさんあるか、浅い部分にあるためと考えられる。そして、自由神経終末は、熱さと冷たさも感じる。ということは、手を熱湯に突っ込んだときなどとは比較にならないほど熱かったハズ！

加えて恐ろしいのは「沸騰」だ。水が沸騰すると水蒸気になり、体積は1700倍に膨れ上がる。球の体積は「直径の3乗」に比例し、眼球は99％が水分だから、すべて蒸発したら、直径は12倍（12の3乗＝1728）になる。怪物スタイルのエンヴィーの眼球は直径15㎝ほどあったが、それが沸騰したら直径1m80㎝に大膨張！　うわーやめてやめてやめて。

眼球内の水分の沸騰はこれほどオソロシイのだ。皆さんも、マスタング大佐を怒らせてはいけませんぞ。

『Dr.スランプ』アラレちゃんの「地球割り」を科学的に考えてみた！

パンチで地球を割る！　このとんでもないことをしでかしたのは『Dr.スランプ』のアラレちゃんだ。

アラレちゃんは則巻千兵衛《のりまきせんべえ》博士が作ったロボットで、「んちゃ！」と元気な挨拶を忘れない。「キィーン」と走り回り、パトカーにぶつかって空の彼方まで吹っ飛ばしたり、怪獣を宇宙に投げ飛ばしたり……。天真爛漫《てんしんらんまん》に遊んでいるだけなんだけど、あまりにパワーがすごくて、やることなすことが超スケールになってしまうのだ。

このアラレちゃんに、無謀にも挑戦する男がいた。自称「正義の味方」スッパマン。彼が己《おのれ》の力を誇示せんと、瓦を3枚割って「びびったか‼　カワラ3枚わり！」と胸を張ったところ、アラレちゃんはしゃがんで「ほいっ！」と地面を殴る。すると地球が「ばかっ」とスイカのように割れた！

これにアラレちゃんは「地球わり！」と大喜び。スッパマンの両目は驚きで飛び出していたが、いやもう、これはどれほど驚いても足りない驚愕の行為である。


地球を割るパンチとは⁉

46億年の歴史を持つわれわれの地球は、こんな星だ。

大きさ：赤道半径6378㎞
質量：5・974×10^{24}kg
自転周期：23時間56分4秒
公転周期：365日6時間9分10秒
気温：平均15℃（最低記録マイナス89・2℃　最高記録56・7℃）
内部構造：表面から順に、地殻⇓マントル⇓外核⇓内核

この地球は上空500㎞にも達する大気圏で覆われ、13億8900万㎦もの水を湛《たた》え、150万種の動物や90万種の植物など豊富な生命を育《はぐく》み、われわれ80億の人類もその一員として暮らしている。宇宙の宝石とも称《たた》えられる美しい星だ。そんな奇跡の天体を、パンチ一発で「ばかっ」ですと⁉

そもそも、パンチを打ち込んで、地球がスイカのように割れるのが不思議である。6600万年前に地球に衝突して、恐竜を絶滅させたとされる小惑星は、直径160㎞のクレーターを作ったが、地球の一点に莫大なエネルギーが加わると、ああなるはずなのだ。あるいは、エネルギーがもっと大きかったら、地球はコナゴナに砕けるかもしれない。

マンガの描写に似た現象を自然界に探すなら、「断層」だろうか。断層は、マントルの運動で地表の岩盤がゆがみ、限界を超えて割れ、互いにずれることで生じる。強

引だけど、ここではアラレちゃんに殴られた地球も、パンチの衝撃で歪《ゆが》み、限界を超えて割れちゃった、と考えよう。

断層が発生すると地震が起こり、断層の面積（長さ×ずれた幅）が大きいほど、地震のマグニチュードは大きくなる。地球の断面積（1億2800万㎢）を断層の面積に置き換えて計算するなら、そこから生まれる地震とは、なんとマグニチュード15だ！

つまり、アラレちゃんが地球を「ばかっ」と割ったことにより、地球全土が激震に見舞われたはずなのだ。マグニチュード15とは、過去100年に起こった最大の地震（マグニチュード9・5）の1億8千万倍ものエネルギー。地球上のあらゆる建物が倒壊するだろう。そして、これほどの地震を起こしたのが、たった一人の少女型ロボットだとは誰一人思うまい。それを知っているのはアラレちゃん本人とスッパマン、そして二人の力比べを見ていたガッちゃんだけなのだ。

あっという間に遠距離恋愛！

だが、地球割りの恐ろしさは、こんなものではない。アラレちゃんのパンチは地球にヒビを入れた……といったレベルではなく、マンガのコマを見ると、地球にはかなり大きな割れ目が走っている！　割れ目のいちばん広い部分は、なんと地球の直径の

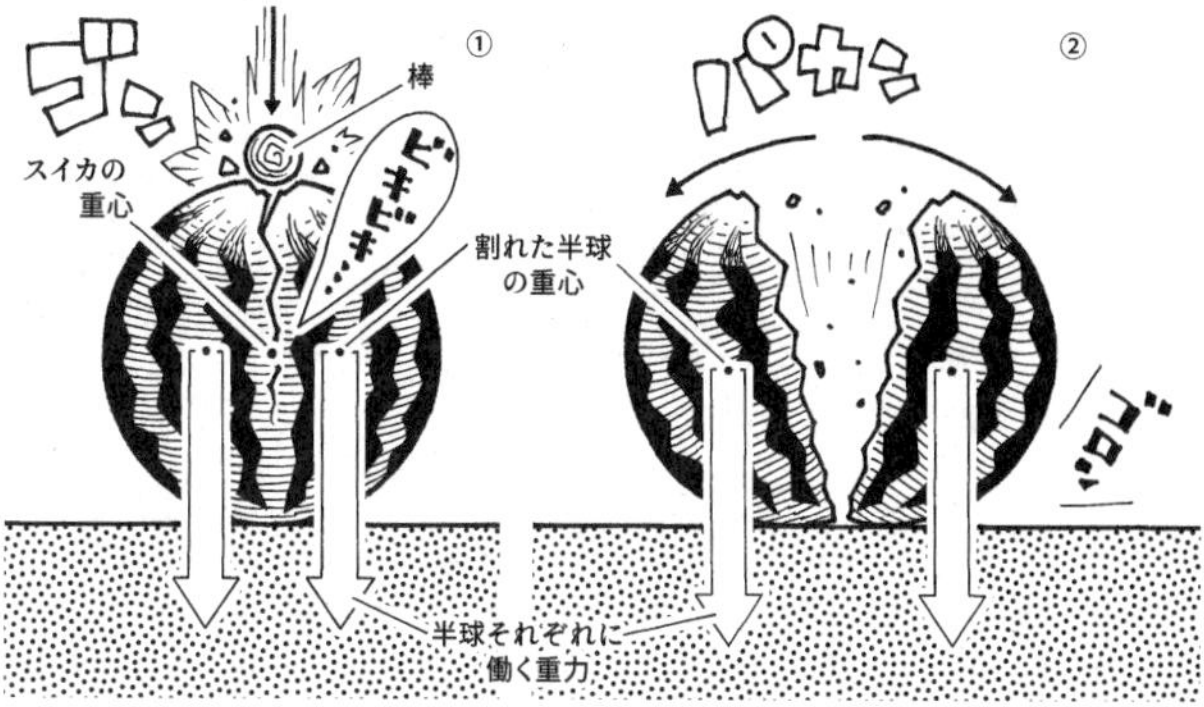

［図1］割れたスイカが左右に開くのは、重力があるからだ

10分の1ほども離れている。

　スイカを割ってもそうなる？　いや、これはスイカではなく、地球なのだ。割れたスイカが左右に開くのは、地球の重力が二つの半球を下向きに引っ張るから**【図1】**。このたびの事例では、地球の重力は、割れた半球同士をくっつける方向に働くはずである。それでも割れ目が開いたのだから、アラレちゃんのパンチのエネルギーは地球を割っただけではなく、引っ張り合う二つの半球を引き離したのだ。これはモノスゴイ！

　地球の直径は1万2756kmだから、引き離された距離がその10分の1なら、それは1276km！　これに必要なエネルギーは、29000000000000000000000000000000（0が30個）J。全世界で消費するエネルギー（石油140億t

分）の４６０億年分だ。

比較のために、さっきの「地球割り」のエネルギーを計算すると、全世界で消費する分の３２３万年分。４６０億年分とはその1万4千倍である。ふ〜む、地球を割ったエネルギーより、半球を引き離したエネルギーのほうがずっと大きいのだなあ。

こんなことをされた日には、地球はどうなってしまうのか？

春の昼下がり、若いカップルがペンギン村を歩いている。両方から差し出された手が、いまにもつながれようとしたその瞬間、二人の間に幅１２７６kmの地割れが走る！　１２７６kmは、北海道の札幌から愛媛県の松山までの距離に等しい。あわれ二人は、突然の遠距離恋愛を余儀なくされたのであった……。

などと呑気《のんき》なことでも言ってないと、平常心を保てないほどの惨事である。１２７６kmというのが、半球同士が離れた最大距離とすれば、地割れが開く速度は、それぞれマッハ21。このスピードには何物もついていけず、この架空のカップルをはじめ人も車も建物も、ダルマ落としのように空中に取り残される。

その下は、深さが地球の直径に等しい1万２７５６kmの奈落。皆こぞって落ちていく。海水も滝のように流れ落ちるが、地球内部の高熱でじゅわじゅわ蒸発するだろう。空気も飲み込まれ、地表は真空になる。地球中心部の温度は6千℃。太陽の表面と同じだから、太陽と同じ強さの光が大地の裂け目から宇宙へ伸びていく……**【図2】**。

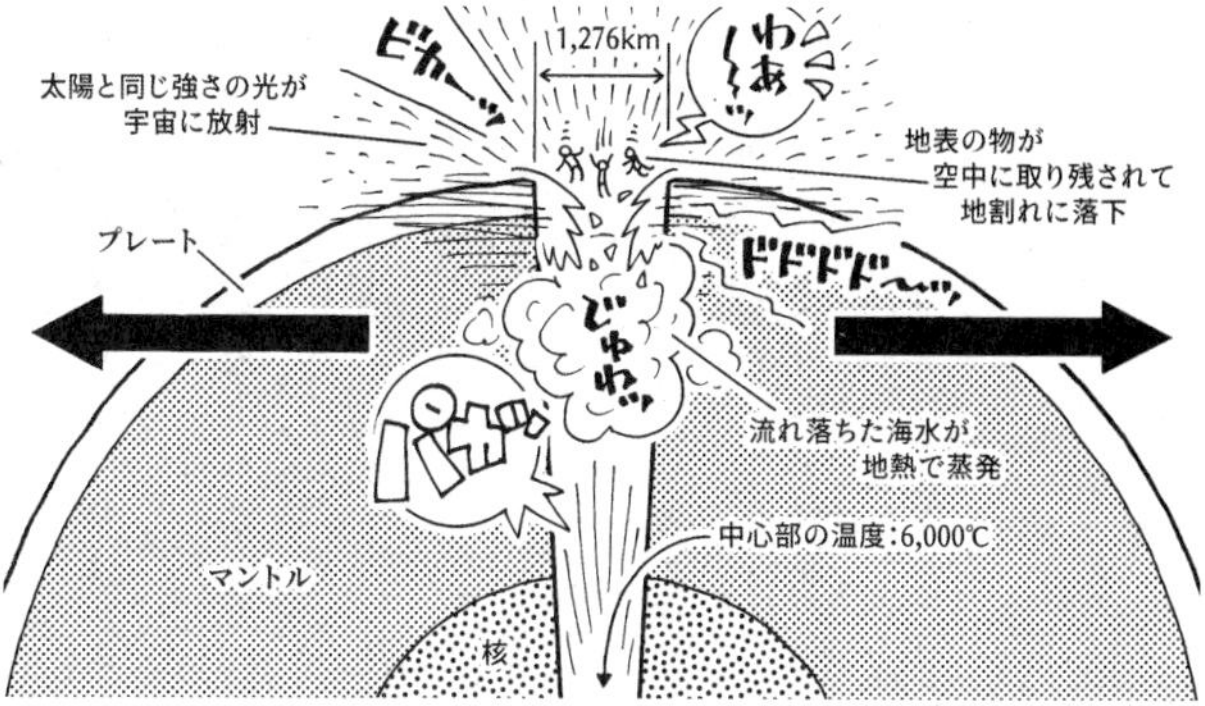

［図2］「ほいっ！」と地球を割ると、こんな大惨事が起こってしまう

人類の滅亡は避けられない！

惨事はまだ終わらない。やがて、2つに分かれた半球は、お互いの重力で近づき始める。元に戻ってよかったね、などと喜んでいる場合ではない。近づいてぶつかる速度もマッハ21なのだ！

ぶつかった衝撃で、マグニチュード17・8の地震が起こる。地球がコナゴナになるのは当然で、さらにエネルギーが熱に変わってドロドロに溶け、地球が誕生したころのマグマオーシャンとなる。地球磁場を作り出す外核（内側から2番目の層）の運動もムチャクチャとなり、磁石はもはや北を指さないが、そんなことを気にする人はどこにもいない。人類は一人も生き残っていないのだから。

われらの地球は、ここから46億年の歴史を繰り返すことになる。マグマから発生した水蒸気が雲を作り、1千年も豪雨が降り続き、地表は冷えて、低いところに水がたまって海となる。運がよければ、アラレちゃんのパンチの6億年後くらいに海で生命が誕生するかもしれないけど、うまく行くかなあ……。

地球を割ったりすると、これほど大変なことになるのである。あまりにもオソロシイが、それにしてもこれほどのエネルギーは、いったいどこから生まれるのか。

アラレちゃんのエネルギー源は、「ロボビタンA」。哺乳瓶に入っていて、アラレちゃんはエネルギー切れを起こすと、これをゴクゴク飲んで元気になる。その体積は500mLほどだ。そんな小さな哺乳瓶のなかに人類が460億年も暮らせるほどのエネルギーが⁉

計算すると、ロボビタンAの1滴には、石油645京《けい》t分のエネルギーが含まれる（京は兆の1万倍）。いったいどんな原理なのか、そして何のためにここまで強力なロボットを作ったのか、筆者にはサッパリわかりません。ハッキリしているのは、どんなに力があっても、パンチで地球を割ったりしてはいけない、ということだけです。

仮面ライダーの必殺技・ライダーキック！
その威力と問題点を考える

ーキック」である。

「とおおおっ！」と叫んでジャンプした仮面ライダーは、空中でくるりと前転すると、斜めに急降下して怪人を蹴る！　怪人は大爆発！　あまりにも有名な必殺技「ライダーキック」である。

『仮面ライダー』でこのワザを初めて見たとき、当時小学生の筆者は驚愕した。蹴って怪人を爆発させる!?　光線ワザでもないのに、蹴っただけで爆発するなんて、そんなのアリ!?　とはいえ、かなり高く跳び上がっているから、あんな高度から蹴れば、確かに威力はモノスゴイのかも……。うーむ。

小学生の筆者にとって、「ライダーキック」がどれほどの威力を持っているかは、まことに気になる問題だった。理科好きの中学生になり、高校で物理を習ってそのさらなる魅力に目覚めてからは、ライダーキックという物理運動にますます興味が湧いた。ところが同時に「あんな運動ができるのか？」という気もしてきたのである。

本稿では、筆者を悩ませ続けたライダーキックについて、物理の面から考えたい。

SDGsなヒーローだ

仮面ライダーは、世界征服をたくらむ悪の秘密結社ショッカーが生み出した改造人間である。知能指数600でスポーツ万能の大学生・本郷猛がショッカーに捕まり、体は改造されてしまったが、脳改造の直前に脱走して、ショッカーの野望に立ち向かうことになった。

そのエネルギー源は「風」である。ベルトのバックルで風を受け、エネルギーを溜めることで変身する。車ではなくてバイクに乗っているのも、変身前にジャンプするのも、バックルに風を受けるためである。ビルから落下しながら風圧で変身したり、爆発の爆風で変身したり……というエピソードもあったし、逆に密室に閉じ込められた本郷猛が、風を受けることができないため、変身できなくなるという窮地《きゅうち》に陥ったこともあった。

風力エネルギーは、環境を汚すこともなく、運用にかかるコストも低い。「脱炭素」にもピッタリのクリーンなエネルギーで、悪の秘密結社ショッカーが採用したとは思えないほどだ。

ただし現実的に考えると、風の力で世界の平和が守れるかは、ちょっと不安になってくる。風力エネルギーには「出力が弱い」という問題点があるからだ。

風とは空気が動く現象で、空気は質量が軽いから、運動エネルギーが他の物体に伝わりにくい。そのため発電効率が低く、風力エネルギーを電気に変換する場合は、理論的に最大59・3％（27分の16）の発電効率しか得られないことが判明している。

[図1] 風力エネルギーと友情があれば、夜中でもお便所に行けるのだ

しかも、仮面ライダーのベルトに設置されている風車は小さく、直径10㎝ほどしかない。この大きさだと、発電効率が最大の59・3%だとしても、風速10mの風を受けたときの出力は、わずか2・8Wだ。

こんなモノで、ショッカーの怪人たちと戦えるのか？　出力が2・8Wしかなかったら、歴代の仮面ライダーが10人集合して山の尾根に立ち、吹きすさぶ風を受けても、トイレの電球を灯すことくらいしかできない計算になるが……**[図1]**。

風力エネルギーの問題点

しかし、劇中の仮面ライダーが人類の自由のために、元気に雄々しく戦っているのは事実である。なぜそれが可能なのだろうか。

『仮面ライダー OFFICIAL DATA FILE』の

第1号（デアゴスティーニ・ジャパン）には「腰のタイフーンの中央にあるダイナモが受けた風圧が、胸部のコンバーターラングにおいて、98・5%という高効率でエネルギー化される」とある。

なんと98・5%！　前述の理論的最大エネルギー効率59・3%をはるかに超えており、これを実現したショッカーの科学力には舌を巻くしかない。ベルトの風車が小さいことは気になるが、これもショッカーが革新的な技術を開発したうえに、ライダーはヒマを見つけては高原に行って風力エネルギーを蓄積するなどしているのかもしれない。その場合、ライダーキックは期待どおりの威力を発揮できるのだろうか？

ライダーキックを生み出すのは、彼の驚異的なジャンプ力だ。ショッカーの改造手術により、バッタの能力を組み込まれた仮面ライダーは、垂直方向に15m30cm、水平方向に48m70cmという跳躍力（劇中で立花藤兵衛《たちばなとうべえ》が測定）を発揮できるようになり、さらに再改造手術を受けて、垂直方向のジャンプ力を25mにまで増大した。25mとは、8階建てのビルほどの高度である。

この高さまで跳び上がって着地するまでのあいだに、バックルに受ける風のエネルギーは58Jだ。その98・5%をエネルギーにできるとすると、それは57J。

57Jというのは、5kgの荷物を1m16cm持ち上げられるエネルギーび、微弱である。5kgのコメの袋を腰の高さまで持ち上げた瞬間、すべてのエネルギーでしかない。

を使い果たし、仮面ライダーはばったり倒れてしまうのだ。これなら変身せず、本郷猛のまま戦ったほうがよっぽど強い。

では、ビルから突き落とされたときのエネルギーはどうだろうか？　仮に、ショッカーの怪人によって、地上３００ｍのあべのハルカスの屋上におびき出され、そこから突き落とされたとしよう。落下の風圧によって、莫大なエネルギーを獲得できるのでは？

ところが、計算すると、獲得エネルギーは４１００Ｊ。８００Ｗの電気ストーブを５秒間つけられるエネルギーにすぎない。悲しすぎる。ビルから突き落とされ、それを逆用して変身するという命がけの荒業《あらわざ》を敢行して、ようやくほのかな温かみを感じるエネルギーが手に入るだけ……。

これは、バイクに乗れば結構マシになる。時速５００㎞の新サイクロン号で走れば、発電出力は１万２５００Ｗ。これなら17分50秒走り続ければ、３１９２キロカロリーという、よく運動する体重70kgの20代男性が日常生活を送るのに必要なエネルギーが得られるのだ。

とはいえ、切ない話である。日常生活を送るためのエネルギーなら、改造さえしなければ、３度の食事で済んでいたのだ。仮面ライダー＝本郷猛がショッカーを恨むのも無理はない。

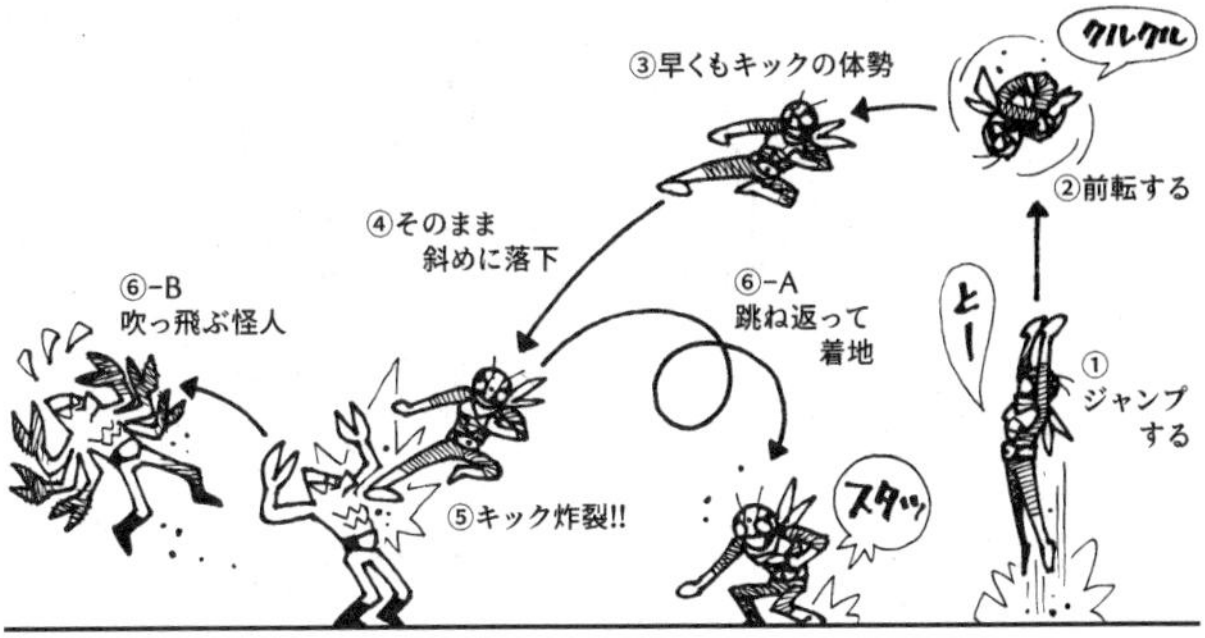

［図2］仮面ヒーローの必殺技は、ジャンプして、キックして、爆発！

ライダーキックの科学

いずれにしても、ベルトの風車が小さいことが問題である。

ショッカーと戦うためには、常人の10倍程度の3万2千キロカロリーほどを確保したいところだが、そのためには風速10mの風を1日に12時間受け続けるとしても、直径2・6mの風車が必要になる。とてもベルトのバックルには入らず、「背中に柱を背負い、その上部で巨大な風車が回る」という構造にでもするしかない。柱を腰に取りつけるとしたら、風車のブレードがアタマに当たらないようにするには、長さは2・5m（∨腰から頭までの1m＋風車の半径1・3m）ほど必要か……。そんなモノを背負っていたのでは、とても怪人と戦えまい。

そこで、ここではショッカー科学陣が革新

的な技術を開発したうえに、ライダーは頻繁に高原に行って風力エネルギーを蓄積し、正義のために戦うのに充分なエネルギーを得ていると仮定しよう。その場合、必殺技・ライダーキックは期待どおりの威力を発揮できるのか？

劇中の描写などから、ライダーキックとは次のような技である。

①垂直に跳んで、斜めに舞い降りる

②脚を伸ばしたまま、怪人を蹴る

③怪人は、吹っ飛んで爆発する【図2】

このうち、筆者が子どもの頃から気になっていたのは、冒頭に記したように、③の怪人の爆発であった。「蹴られただけで、ドカーンと大爆発するのはなぜ!?」と不審に思っていたのだが、後に怪人図鑑などを読むと、怪人が腰に巻いているベルトのなかに爆破装置が仕掛けられており、戦いに敗れたら爆発するシステムになっているらしい。なるほど、血も涙もないショッカーらしいやり方だ。

だったら、同じくショッカーに作られ、ベルトを巻いている仮面ライダーもいつか爆発するかも……と心配にもなるが、その問題はいつか検討することにして、ここでは①について考えたい。

実はこれこそが、筆者が「あんな運動ができるのか？」と、疑問に感じてしまった点なのだ。「垂直にジャンプして、斜めに舞い降りる」。これは物理的にたいへんアヤシイ運動である。

地球上で物体を真上に打ち上げると、最高到達点で一瞬静止した後、自由落下によって、まっすぐ下へ落ちてくる。垂直に跳んだものが「斜め下への運動」に移行するには、最高到達点で横向きの力を受けなければならない。

たとえば仮面ライダーの背中にジェット噴射装置などがついていて、それを横向きに噴射させれば「自由落下＋横向きの動き」で、斜めに舞い降りることもできるだろう。しかし、仮面ライダーがそのようなモノを使っている様子はなく、ジャンプ時に前転宙返りを見せる程度で、これでは軌道は変えられない。すると、ひとたび真上に跳び上がったら、やがてまっすぐ降りてくるはずで、ライダーキックは要するに「垂直跳び」になってしまうのだ。

滞空時間が4・5秒！

垂直跳びを避けるには、仮面ライダーはどうすればいいのか？

風をエネルギー源にしているのだから、体内から風を吹き出せば、空中で方向転換できるだろう。風力発電でエネルギーを得ている以上、改造された体内には発電機があるはず。発電機とモーターは構造が同じだから、彼の風力発電機に電流を流せば、風を起こせるに違いない。

物体が斜め下45度の直線運動をするには、重量と同じ力を横向きに受ければよい。だが、これには猛烈な風速が必要だ。仮面ライダー1号は体重70kgという設定なので、直径10㎝の風車で自重と同じ力を出すためには、秒速270m＝マッハ0・8に達する猛風が必要になる。

もちろんこれ、ライダーにはかなり大きな負担である。高度25mまで跳び上がってから、地上1・5mの怪人の頭部にキックを見舞うとしたら、差し引き23・5mの落下時間は2・19秒。その間ずっと、マッハ0・8の猛風を噴出させなければならないわけで、これによるエネルギー消費は20万2千Jだ。これは、直径10㎝・発電効率98・5％の風車で風速10mの風を受けた場合の出力（4・53W）で12時間5分。つまり、怪人と戦っていないときに高原などに行って風を浴び続け、12時間5分かけて蓄積し続けてきた大切な風力エネルギーを、斜め下に降りるためだけに使い切ってしまう！

そもそも、技の発動に時間がかかりすぎである。ジャンプして25m上昇するには2・26秒かかるし、降りてくるのには前述のように2・19秒かかるから、合わせて4・45秒。ライダーキックは、それほどの時間を要するワザなのだ。

4・45秒とは戦いにおいてはかなり長い時間で、100mを10秒で走れる怪人が相手だったら、ライダーのジャンプ中に44・5mも移動できる。充分に逃げられる。

[図3]「垂直キック」だったとしても威力は充分である！

それどころか、槍などを構えて待っていれば、ライダーは自分からむざむざと串刺しに……。

などなど、効果的な使い方が意外と難しいライダーキックだが「高度25mから落下してくる重さ70kgの物体」というのは、かなりの脅威である。無理に斜めに舞い降りたりせず、ただの垂直跳びでいいのではないだろうか。計算すると、直径50cm、重量170kgの岩石が木っ端微塵になる。無理に斜めに舞い降りなくても、ただの垂直跳びでも充分に威力があるはずだ。

戦いのさなか、顔が触れ合うほどの至近距離からいきなり垂直跳び！　視界から消えた仮面ライダーの姿を捜して怪人がキョロキョロしているところを、真上から自由落下して踏みつぶす**[図3]**！

あ。でも、やられた怪人は直後に爆発して

しまうから、自分も巻き込まれる心配があるのか。うむむむ、それはちょっと悩ましいな。

『となりのトトロ』のネコバスに乗りたい！
どんな乗り心地なんだろう？

ネコバスの乗り心地とは、いかなるものか?

『となりのトトロ』は何度も見ていて、そのたびに温かい気持ちになるのに、筆者はこの問題が気になって仕方がない。迷子になったメイをサツキがネコバスに乗って捜すシーンでは「がんばれネコバス!」と心から応援しながらも、気がつくと「はたして快適な乗り心地なのか?」と冷静に観察している自分がいる。うーむ、われながら因果な性分じゃー。

画面を見ていると爽快である。ネコバスが田んぼを走っても稲は倒れない。池の水面を走っても、わずかに波紋が広がるだけ。鉄塔を駆け登り、高圧線の上を走ることさえできる。しかもモーレツに速い!

しかし、ネコバスはネコなのだ。車輪で走行する機械ではなく、足で歩き、走り、ときには跳躍する哺乳類食肉目ネコ科の動物。それが疾走すると、乗客はどんな感覚を体験するのだろう?

ここでは長年の疑問「ネコバスの乗り心地」を考えたい。『となりのトトロ』は今後もテレビで繰り返し放送されるだろうから、ぜひともいまのうちにハッキリさせておかなければ。

車輪で走らないバスとは？

ネコである以上、ネコバスの車体は生物の体であろう。サツキが乗り込んだ車内はふかふかだったが、まあ、ネコですからね。サツキはそーっと歩いて、ソファのような座席に静かに座る。と、座席はいったん深く沈んで、盛り上がった。ネコバスがくすぐったがっているかのようだった。ヒジョ～に気持ちよさそうな座席だが、ネコの体温は人間より高い。平熱が38・5℃もあるのだ。しかも『となりのトトロ』は夏のお話である。サツキは暑くなかったのだろうか？

そして、ネコだから車輪では走らない。ネコは「後ろ足でジャンプして、前足で着地」を繰り返して走るが、ネコバスの走り方も同じ。ただ、ネコバスはどうやら化けネコのようで、よく見ると前足も後ろ足も、左右3本ずつある。合計12本だ。

この走り方は、バスとしてどうなのか。後ろ足でジャンプして空中を飛んでいるあいだ、ネコバスの車内は無重力になり、着地するや乗客の体はググ～ッと座席に押しつけられる。またジャンプすると無重力状態、また着地するとググ～ッと押しつけられ……。これが延々と繰り返されることになる。

無重力になる時間は、ジャンプの高度で決まり、1mなら0・9秒だ。着地のときに押しつけられる力は、ネコバスが体を沈める高低差により、50㎝なら体重の3倍。

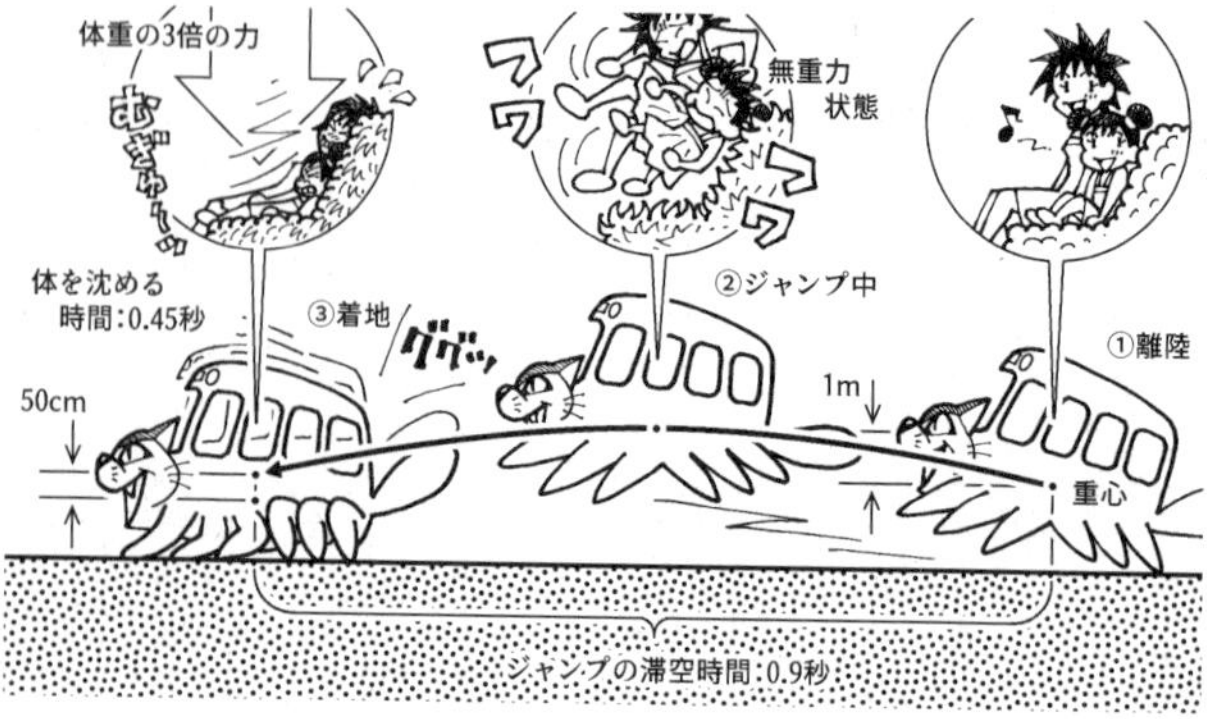

［図1］ネコバスはこういう運動を繰り返す。うーむ、酔うかもしれない

それが0・45秒続く。つまりネコバスでは「0・9秒間フワ〜ッと無重力になる」と「0・45秒間ググ〜ッと体が3Gで押さえつけられる」が繰り返されるのだ。

5分走り続けようものなら、この「フワ〜ッ&ググ〜ッ」セットが実に222回！ うむ、想像しただけでキモチ悪くなってきた。やはりネコバスの乗り心地はよくないかもしれん……【図1】。

ぬおっ、新幹線より速い！

注目したいのは、ネコバスのスピードだ。これを測定するためには、ネコバスのサイズを知りたい。公式設定はなさそうなので、サツキの身長と比較して考えよう。サツキは小学6年生という設定だ（最初は4年生の予定だったのが、あまりにしっかりしているので6

年生との設定になったという説がある)。『となりのトトロ』の舞台が昭和30年代であることから、昭和35年(1960年)の小6女子の平均身長を調べると、136・2㎝。これをサツキの身長と仮定しよう。

アニメの画面で測ると、ネコバスの体長(頭から尻まで)は、サツキの身長のちょうど4倍。すると5m45㎝。ついでに屋根の高さも計算すると3m75㎝。中型の路線バスは全長9m、高さ3mのものが多いから、ネコバスはかなりズングリムックリしたバスということになる(ネコだからね)。

このサイズの物体がどのように移動しているかを測定すれば、スピードが求められる。たとえば、サツキとメイを乗せて七国山《しちこくやま》病院に向かった直後のスピードは、自分の体長分を進む時間から計算すると、時速20㎞だった。

いちばん速かったのは、クスの木の上から出発して、田んぼを走ったとき。カンタのおばあさんが「メイちゃあああん」と叫ぶ横を通り過ぎたとき、おばあさんはたちまち小さくなった。これは目測になってしまうが、おばあさんとの距離は1秒ほどで100mくらい開いた印象である。これが正しいとしたら、秒速100m=時速360㎞。なんと新幹線(最速は東北新幹線はやぶさの時速320㎞)よりも速い!

カンタのおばあさんは、「ここから七国山まで大人の足でも3時間かかる」と言っていた。大人が歩く速さは平均で時速4㎞だから、七国山まで12㎞ほど離れているのだろう。そんなに遠くにある病院まで、時速360㎞ならたったの2分！　めちゃくちゃ優秀なバスである。

サツキが吹っ飛ばないか心配！

これほど速いと、先ほど心配した「フワ～ッ&ググ～ッ」を味わう回数も少なくて済む。2分だったら89セットでいいのだ。これくらいなら耐えられるのでは……。

筆者が気になるのは、ネコバスの窓にガラスがないことだ。もちろんネコだから仕方がないのだが、これで時速360㎞など出そうものなら、ガラスのない新幹線に乗るよりもっとキビシイことになる。風速100m／秒というすさまじい風が吹きつける！　サツキが受ける風圧は110㎏。窓枠にしっかりつかまっているか、床に伏せて風の直撃を避けないと、たちまち吹き飛ばされて、今度はサツキが迷子になってしまう！

おまけに、風が吹きつけると、体感温度が下がる。風速100m／秒ともなると、40℃も下がるのだ。前述したけど『となりのトトロ』は夏のお話で、サツキが乗ったときは夕方だったから、このときの気温を30℃としても、体感温度はなんとマイナス10℃に！　モーレツに寒いっ。

あ。でも、だからこそネコの体が役に立つかもしれない！　体温38・5℃のモフモフに埋もれていれば、猛風のなかでもヌクヌクしていられるのでは……!?

結論。ネコバスは、①ネコならではの激しい動き、②新幹線を上回るスピード、③窓ガラスがなく猛風が吹き荒れる極寒車内、というバスの常識をくつがえす驚異のバス。でも、ネコだからこそのモフモフが、それらキビシイ車内環境を軽減してくれて、かなり乗り心地がよさそうだ。

しかしこうなると、次に『トトロ』を見るときに、筆者は「ネコバスに乗りたい」と思って、また集中できないような気もする。うーむ。次の放送はいつだろうな。

デザイン　塩田裕之（3シキグラフィックス）
本文イラスト　近藤ゆたか
編集&監修　空想科学研究所

本書は『空想科学読本』シリーズ、『ジュニア空想科学読本』シリーズなど、著者の本に収録された内容を大幅に加筆修正して再構成したものです。

また、本書では、計算結果を必要に応じて四捨五入して表示しています。読者の皆さんが、本文に示された数値と方法で計算しても、まったく同じ結果にはならない場合がありますが、間違いではありませんのでご了承ください。

空《くう》想《そう》科《か》学《がく》読《どく》本《ほん》

「高《たか》い高《たか》い」で宇《う》宙《ちゅう》まで！

柳《やなぎ》田《た》理《り》科《か》雄《お》

令和5年 6月25日　初版発行

発行者●山下直久

発行●株式会社KADOKAWA
〒102-8177　東京都千代田区富士見2-13-3
電話　0570-002-301（ナビダイヤル）

角川文庫 23696

印刷所●株式会社暁印刷
製本所●本間製本株式会社

表紙画●和田三造

●お問い合わせ
https://www.kadokawa.co.jp/（「お問い合わせ」へお進みください）
※内容によっては、お答えできない場合があります。
※サポートは日本国内のみとさせていただきます。
※Japanese text only

ISBN 978-4-04-113755-0　C0195

◇◇◇

角川文庫発刊に際して

角川源義

第二次世界大戦の敗北は、軍事力の敗北であった以上に、私たちの若い文化力の敗退であった。私たちの文化が戦争に対して如何に無力であり、単なるあだ花に過ぎなかったかを、私たちは身を以て体験し痛感した。西洋近代文化の摂取にとって、明治以後八十年の歳月は決して短かすぎたとは言えない。にもかかわらず、近代文化の伝統を確立し、自由な批判と柔軟な良識に富む文化層として自らを形成することに私たちは失敗して来た。そしてこれは、各層への文化の普及滲透を任務とする出版人の責任でもあった。

一九四五年以来、私たちは再び振出しに戻り、第一歩から踏み出すことを余儀なくされた。これは大きな不幸ではあるが、反面、これまでの混沌・未熟・歪曲の中にあった我が国の文化に秩序と確たる基礎を齎らすためには絶好の機会でもある。角川書店は、このような祖国の文化的危機にあたり、微力をも顧みず再建の礎石たるべき抱負と決意とをもって出発したが、ここに創立以来の念願を果すべく角川文庫を発刊する。これまで刊行されたあらゆる全集叢書文庫類の長所と短所とを検討し、古今東西の不朽の典籍を、良心的編集のもとに、廉価に、そして書架にふさわしい美本として、多くのひとびとに提供しようとする。しかし私たちは徒らに百科全書的な知識のジレッタントを作ることを目的とせず、あくまで祖国の文化に秩序と再建への道を示し、この文庫を角川書店の栄ある事業として、今後永久に継続発展せしめ、学芸と教養との殿堂として大成せんことを期したい。多くの読書子の愛情ある忠言と支持とによって、この希望と抱負とを完遂せしめられんことを願う。

一九四九年五月三日

角川文庫ベストセラー

空想科学読本　3分間で地球を守れ!?

柳田理科雄

『ウルトラマン』『ONE PIECE』『名探偵コナン』『シン・ゴジラ』『おそ松さん』など、世代を超えて愛されるマンガ、アニメ、特撮映画を科学的に検証！

空想科学読本　正義のパンチは光の速さ!?

柳田理科雄

『空想科学読本』シリーズから、よりすぐりのネタを集めた文庫の第2弾。『銀魂』『黒子のバスケ』『新世紀エヴァンゲリオン』『キャプテン翼』など、新旧の人気少年マンガを中心に全面改訂でお届けする。

空想科学読本　滅びの呪文で、自分が滅びる！

柳田理科雄

ベストセラー『空想科学読本』シリーズから原稿を厳選収録！　定番の名作から、『ポプテピピック』『スプラトゥーン』などの話題作まで、31コンテンツを検証！

ショートショートドロップス

新井素子・上田早夕里・恩田陸・図子慧・高野史緒・辻村深月・新津きよみ・萩尾望都・堀真潮・松崎有理・三浦しをん・皆川博子・宮部みゆき・村田沙耶香・矢崎存美　編／新井素子

いろんなお話が詰まった、色とりどりの、ドロップの缶詰。可愛い話、こわい話に美味しい話。女性作家によるショートショート15編を収録。

バッテリー　全六巻

あさのあつこ

中学入学直前の春、岡山県の県境の町に引っ越してきた巧。ピッチャーとしての自分の才能を信じ切る彼の前に、同級生の豪が現れ!?　二人なら「最高のバッテリー」になれる！　世代を超えるベストセラー!!

角川文庫ベストセラー

きみが見つける物語　十代のための新名作　スクール編

編／角川文庫編集部

小説には、毎日を輝かせる鍵がある。読者と選んだ好評アンソロジーシリーズ。スクール編には、あさのあつこ、恩田陸、加納朋子、北村薫、豊島ミホ、はやみねかおる、村上春樹の短編を収録。

きみが見つける物語　十代のための新名作　放課後編

編／角川文庫編集部

学校から一歩足を踏み出せば、そこには日常のささやかな謎や冒険が待ち受けている——。読者と選んだ好評アンソロジーシリーズ。放課後編には、浅田次郎、石田衣良、橋本紡、星新一、宮部みゆきの短編を収録。

きみが見つける物語　十代のための新名作　休日編

編／角川文庫編集部

とびっきりの解放感で校門を飛び出す。この瞬間は嫌なこともすべて忘れて……読者と選んだ好評アンソロジーシリーズ。休日編には角田光代、恒川光太郎、万城目学、森絵都、米澤穂信の傑作短編を収録。

きみが見つける物語　十代のための新名作　友情編

編／角川文庫編集部

ちょっとしたきっかけで近づいたり、大嫌いになったり。友達、親友、ライバル——。読者と選んだ好評アンソロジー。友情編には、坂木司、佐藤多佳子、重松清、朱川湊人、よしもとばななの傑作短編を収録。

きみが見つける物語　十代のための新名作　恋愛編

編／角川文庫編集部

はじめて味わう胸の高鳴り、つないだ手。甘くて苦かった初恋——。読者と選んだ好評アンソロジーシリーズ。恋愛編には、有川浩、乙一、梨屋アリエ、東野圭吾、山田悠介の傑作短編を収録。

角川文庫ベストセラー

きみが見つける物語 十代のための新名作 こわ～い話編

編／角川文庫編集部

放課後誰もいなくなった教室、夜中の肝試し。都市伝説や怪談——。読者と選んだ好評アンソロジーシリーズ。こわ～い話編には、赤川次郎、江戸川乱歩、乙一、雀野日名子、高橋克彦、山田悠介の短編を収録。

きみが見つける物語 十代のための新名作 不思議な話編

編／角川文庫編集部

いつもの通学路にも、寄り道先の本屋さんにも、見渡してみればきっと不思議が隠れてる。読者と選んだ好評アンソロジー。不思議な話編には、いしいしんじ、大崎梢、宗田理、筒井康隆、三崎亜記の傑作短編を収録。

きみが見つける物語 十代のための新名作 切ない話編

編／角川文庫編集部

たとえば誰かを好きになったとき。心が締めつけられるように痛むのはどうして？　読者と選んだ好評アンソロジー。切ない話編には、小川洋子、荻原浩、加納朋子、川島誠、志賀直哉、山本幸久の傑作短編を収録。

きみが見つける物語 十代のための新名作 オトナの話編

編／角川文庫編集部

大人になったきみの姿がきっとみつかる、がんばる大人の物語。読者と選んだ好評アンソロジーシリーズ。オトナの話編には、大崎善生、奥田英朗、原田宗典、森絵都、山本文緒の傑作短編を収録。

きみが見つける物語 十代のための新名作 運命の出会い編

編／角川文庫編集部

部活、恋愛、友達、宝物、出逢いと別れ……少年少女小説の名手たちが綴った短編青春小説6編を集めた、極上のアンソロジー。あさのあつこ、魚住直子、角田光代、笹生陽子、森絵都、椰月美智子の作品を収録。

角川文庫ベストセラー

女生徒　太宰治

「幸福は一夜おくれて来る。幸福は――」多感な女子生徒の一日を描いた「女生徒」、情死した夫を引き取りに行く妻を描いた「おさん」など、女性の告白体小説の手法で書かれた14篇を収録。

走れメロス　太宰治

妹の婚礼を終えると、メロスはシラクスめざして走りに走った。約束の日没までに暴虐の王の下に戻らねば、身代わりの親友が殺される。メロスよ走れ！　命を賭けた友情の美を描く表題作など10篇を収録。

時をかける少女〈新装版〉　筒井康隆

放課後の実験室、壊れた試験管の液体からただよう甘い香り。このにおいを、わたしは知っている――思春期の少女が体験した不思議な世界と、あまく切ない想いを描く。時をこえて愛され続ける、永遠の物語！

坊っちゃん　夏目漱石

単純明快な江戸っ子の「おれ」（坊っちゃん）は、物理学校を卒業後、四国の中学校教師として赴任する。一本気な性格から様々な事件を起こし、また巻き込まれるが。欺瞞に満ちた社会への清新な反骨精神を描く。

きまぐれ星のメモ　星新一

日本にショート・ショートを定着させた星新一が、10年間に書き綴った100編余りのエッセイを収録。創作過程のこと、子供の頃の思い出――。簡潔な文章でひねりの効いた内容が語られる名エッセイ集。

角川文庫ベストセラー

銀河鉄道の夜　宮沢賢治

漁に出たまま不在がちの父と病がちな母を持つジョバンニは、暮らしを支えるため、学校が終わると働きに出ていた。そんな彼にカムパネルラだけが優しかった。ある夜二人は、銀河鉄道に乗り幻想の旅に出た——。

ブレイブ・ストーリー（上）（中）（下）　宮部みゆき

ごく普通の小学5年生亘は、友人関係やお小遣いに悩みながらも、幸せな生活を送っていた。ある日、父から家を出てゆくと告げられる。失われた家族の日常を取り戻すため、亘は異世界への旅立ちを決意した。

ペンギン・ハイウェイ　森見登美彦

小学4年生のぼくが住む郊外の町に突然ペンギンたちが現れた。この事件に歯科医院のお姉さんが関わっていることを知ったぼくは、その謎を研究することにした。未知と出会うことの驚きに満ちた長編小説。

新釈　走れメロス　他四篇　森見登美彦

芽野史郎は全力で京都を疾走した——。無二の親友との約束を守「らない」ために！　表題作他、近代文学の傑作四篇が、全く違う魅力で現代京都で生まれ変わる！　滑稽の頂点をきわめた、歴史的短篇集！

全訳　源氏物語　新装版（全五巻）　紫式部　與謝野晶子＝訳

寛弘5（1008）年11月、中宮彰子の親王出産に沸く藤原道長の土御門邸。宴に招かれた藤原公任が女房達の前に姿を見せる。「このわたりに若紫やさぶらふ」。ロングセラーを新装版化！